D1854882

SCHNELL & SCHLANK

Monika Judä

SCHNELL & SCHLANK

Blitzrezepte zum Abnehmen

Weltbild

Inhalt

Traumziel schlank 6

- **Richtig abnehmen** 8
- **Mit Geduld zum Erfolg** 11
- **Was Sie noch wissen sollten** 14

Genuss ohne Reue 18

- **Frühstück** 20

Warme Getränke zum Frühstück 22
Frühstücksflocken & Co. 24
Rund ums Frühstücksbrot 26

- **Suppen** 30

Suppen als Vorspeise 37

- **Salate** 44

Kleines Brot-ABC 52
Salate als Beilage 58

• **Fleischgerichte** 62

Beilagen zu Fleisch- und Fischgerichten 74
Kalorienbombe Schweinefleisch 78

• **Fisch und Meeresfrüchte** 84

Mager- und Fettfische sowie Meeresfrüchte 86

• **Vegetarische Gerichte** 100

• **Snacks** 114

Der kleine Hunger zwischendurch 124

• **Desserts** 128

• **Speiseplan für eine Woche** 140

• **Rezeptverzeichnis, Abkürzungen** 142

Traumziel schlank

„Essen und Trinken hält Leib und Seele zusammen“, sagt ein altes Sprichwort, und, wie so oft, steckt auch in dieser Weisheit ein großes Körnchen Wahrheit. Nahrung versorgt uns mit lebenswichtigen Nährstoffen, die unseren Körper gesund und fit halten. Doch das reichhaltige Warenangebot in den Supermärkten und die Verlockungen durch Restaurants, Cafés und Imbissbuden verführen uns immer wieder, energiereiche Nahrung zu uns zu nehmen. In Deutschland leidet etwa jeder zweite Mensch an Übergewicht. Getreu dem Spruch „Der Mensch ist, was er isst“, sind in den meisten Fällen falsche Essgewohnheiten und Bewegungsmangel schuld an den überflüssigen Pfunden. Ärzte und Wissenschaftler sprechen in diesem Fall von einer gestörten Energiebilanz. Das bedeutet, dass dem Körper mehr Energie zugeführt wird, als er verbraucht. Dies macht sich bald am Bauch und an den Hüften bemerkbar und stellt nicht nur ein kosmetisches Problem dar, sondern gefährdet auf lange Sicht auch die Gesundheit. Also weg mit dem Speck – aber wie?

Richtig abnehmen

Dutzende von Diäten versprechen, dass Sie Ihre Traumfigur in wenigen Wochen erreichen. Und besonders, wenn die Badesaison vor der Tür steht, haben diese Wundermittel Hochkonjunktur. Doch wer schon einmal eine derartige Superdiät durchgehalten hat, weiß, dass die Freude am Erfolg in der Regel nicht von langer Dauer ist. Radikalkuren, bei denen nur wenige, bestimmte Lebensmittel gegessen werden dürfen, belasten den Organismus enorm und sind meist nur über einen kurzen Zeitraum durchführbar. Zum einen droht bei stark einseitiger Ernährung Nährstoffmangel, zum anderen kann oder will sich schließlich niemand über Monate hinweg nur von Obst, Quark oder Pülverchen verschiedener Firmen ernähren. Außerdem sinkt die Stimmung auf den Tiefpunkt, wenn die Familie und Freunde die köstlichsten Gerichte verzehren, während man selbst kaum etwas zu sich nehmen darf.

Von all dem einmal abgesehen, haben radikale Diäten einen entscheidenden Nachteil: Sobald die normalen Essgewohnheiten wieder einsetzen, lassen sich auch die Pölsterchen sofort wieder sehen oder das Gewicht ist sogar noch höher als vor Beginn der Diät. Um diesem gefürchteten „Jo-Jo-Effekt“ zu entkommen, hilft im Grunde nur eines: Abnehmen mit Vernunft. Eine Diät kann nur dauerhaft erfolgreich sein, wenn sie

- über einen angemessenen Zeitraum hinweg durchgeführt wird,
- die volle Leistungsfähigkeit gewährleistet und
- ein Essverhalten voraussetzt, das man unter Umständen auch über Jahre beibehalten kann.

Essen Sie das Richtige!

Eine ausgewogene, kalorienarme Ernährung versorgt den Körper mit allen wichtigen Nährstoffen und lässt dennoch langsam, aber sicher die Pfunde schmelzen. Da man bei einer so genannten Reduktionsdiät weder hungern noch auf kulinarische Genüsse verzichten muss, lässt sich diese Kostform auch über Jahre hinweg beibehalten und der schlanken Linie steht nichts mehr im Weg.

Während noch bis vor kurzer Zeit „Iss die Hälfte" das Motto für erfolgreiches Abnehmen war, weiß man heute, dass die richtige Auswahl und Zubereitung der Lebensmittel mehr nutzt als der wahllose Verzicht auf bestimmte Nahrungsmittel oder gar das Auslassen ganzer Mahlzeiten. Ihr Wahlspruch sollte sein: „Ich esse das Richtige, nicht die Hälfte!"

Achtung, Fett!

An dieser Stelle ist ein Wort zum Thema Fett angebracht, denn neben Bewegungsmangel ist dieser Bestandteil der Nahrung der Hauptverantwortliche für überflüssige Pfunde. Jeder Bundesbürger nimmt im Durchschnitt täglich etwa 130 bis 150 Gramm Fett zu sich, rund das Doppelte der von der Deutschen Gesellschaft für Ernährung (DGE) empfohlenen Menge. Die Gründe dafür sind vielfältig, angefangen bei der Erziehung bis hin zum Einfluss der Werbung. Ein wesentlicher Faktor für den enormen Fettverzehr ist

sicher auch, dass Fett satt macht und gut schmeckt, denn in ihm sind zahlreiche Aroma- und Geschmacksstoffe gebunden.
Übrigens essen wir nicht nur zu viel Fett, sondern meistens auch noch das falsche. Vor allem tierische Fette aus Fleisch- und Wurstwaren gelangen überreichlich auf unseren Tisch. Doch neben den fettlöslichen Vitaminen A, D und E sind in diesen Lebensmitteln leider größtenteils so genannte gesättigte Fettsäuren enthalten. Sie treiben die Blutfettwerte in die Höhe und begünstigen damit das Entstehen zahlreicher schwerer Krankheiten wie Arteriosklerose und Herz-Kreislauf-Erkrankungen. Pflanzliche Fette dagegen sind für unseren Körper sehr wichtig, denn sie enthalten wertvolle ungesättigte Fettsäuren. Auf sie kann der Körper nicht verzichten. Aber da auch diese pflanzlichen Fette massenhaft Kalorien besitzen (1 Gramm Fett liefert rund 9 Kilokalorien oder 38 Kilojoule), dürfen sie ebenfalls nur in Maßen konsumiert werden.

Light gleich leicht?

Egal, ob Brotaufstriche, Getränke oder Milchprodukte – die „leichte Welle“ hat die Supermärkte überschwemmt und verspricht den Genuss ohne Reue. Doch bis die Light-Produkte in die Regale gelangen, haben sie einen langen, technologisch aufwendigen Weg hinter sich. Der Problembestandteil Fett wurde dabei in erster Linie gegen Wasser, aber auch Stärke oder Eiweiß ausgetauscht. Die dabei entstandenen optischen und geschmacklichen Mängel wurden mit Farb-, Aroma- und anderen Hilfsstoffen nachgebessert, die unter Umständen für Allergiker problematisch werden können. Doch dies ist ein Thema für sich. Was für den Abnehmwilligen Bedeutung hat, ist der relativ hohe Wassergehalt, durch den das Light-Produkt um seine Kalorien „erleichtert“ worden ist. Wasser macht nun einmal nicht satt, sodass der Verzehr diätetischer Nahrungsmittel meist Heißhunger oder zumindest Appetit kurz nach dem Essen nach sich zieht – das nächste (teure) Light-Produkt wird gegessen. Schließlich verspricht die Werbung, dass man das darf. Insgesamt ernährt man sich auf diese Weise kalorienreicher, als wenn man mit energiereichen Lebensmitteln sparsam umgehen und sich dafür an Gemüse & Co. so richtig satt essen würde.

Mit Geduld zum Erfolg

Konkrete und vor allem realisierbare Ziele für die Gewichtsabnahme sind eine wichtige Voraussetzung auf dem Weg zur schlanken Linie. Oft sind Wunschvorstellungen à la „Twiggy“ beim besten Willen nicht mit der Wirklichkeit vereinbar und sollten auch gar nicht das Ziel sein. Halten Sie sich vor Augen, dass Sie ein Gewicht erreichen wollen, mit dem Sie sich wohl fühlen und das Ihren Körper gesund und leistungsfähig hält.

Realistische Ziele

Genauso wenig, wie Übergewicht über Nacht entsteht, können die Pfunde von heute auf morgen dahinschmelzen.
Nehmen Sie sich vor,

- bei mittlerem Übergewicht ca. 750 Gramm,
- bei hohem Übergewicht ca. 1000 Gramm

pro Woche abzunehmen, um Ihr persönliches Ideal- bzw. Wohlfühlgewicht zu erreichen. Kontrollieren Sie Ihr Gewicht regelmäßig (zweimal pro Woche) zu festgelegten Zeiten. Nichts motiviert mehr als Erfolg!

Der Body Mass Index

Ein allgemein gültiges Idealgewicht gibt es nicht. Jeder muss für sich das Gewicht entdecken, mit dem er sich wohl fühlt. Mit einer einfachen Formel, dem Body Mass Index (BMI), können Sie feststellen, ob Ihr Gewicht im Normbereich liegt.

So berechnen Sie Ihren Body Mass Index:

$$\text{BMI} = \frac{\text{Körpergewicht (kg)}}{\text{Körpergröße x Körpergröße}}$$

Rechenbeispiel:
Körpergröße 1,70 m, Körpergewicht 67 kg

$$BMI = \frac{67\ kg}{1{,}70 \times 1{,}70} = 23 \ (= \text{Normalgewicht})$$

Auswertung:
Werte zwischen 18 und 25: Normalgewicht
Werte unter 18: Untergewicht
Werte zwischen 25 und 30: leichtes Übergewicht
Werte über 30: Übergewicht

Ist Ihr BMI größer als 25, ist das Abnehmen dringend zu empfehlen, bei einem BMI über 30 ist es dringend erforderlich. Es kann allerdings auch sein, dass Ihr BMI an der oberen Grenze des Normalbereichs liegt und Sie sich trotzdem mit Ihrem Gewicht nicht wohl fühlen. Auch dann können Sie mit einer Diät beginnen, denn wie gesagt: Das Wohlfühlgewicht ist für jeden Menschen etwas sehr Individuelles.

Ihre Kaloriengrenze

Das A und O beim Abnehmen ist die Energie, die in der Nahrung steckt. Sie wird in Kalorien oder Joule angegeben. Je nachdem, wie viel Sie laut BMI abnehmen wollen oder müssen, fällt Ihr Speiseplan mehr oder weniger reichhaltig aus. Gehen Sie von folgenden Obergrenzen aus und überschreiten Sie die Werte nicht:

- eine maximale Energiezufuhr von 1200 kcal am Tag bei mittlerem bis starkem Übergewicht,
- eine maximale Energiezufuhr von 1600 kcal am Tag bei leichtem Übergewicht oder dem subjetiven Gefühl, einige Pfunde zu viel auf den Hüften zu haben.

Zehn goldene Regeln zum Abnehmen

1 Nehmen Sie fünf kleine Mahlzeiten am Tag ein. Dabei sollten Frühstück und Mittagessen am reichhaltigsten ausfallen. Als Vor- und Nachmittagsimbiss sind kalorienarme, aber vitamin- und mineralstoffreiche Snacks wie Früchte oder Milchprodukte gut geeignet. Zum Abendessen sind leichte Gerichte zu empfehlen, wobei die Mahlzeit spätestens zwei Stunden vor dem Schlafengehen beendet sein sollte.

2 Verwenden Sie Fett nur sehr sparsam. Welches Fett Sie wozu verwenden können, finden Sie auf Seite 17.

3 Essen Sie nicht jeden Tag Fleisch und Fleischprodukte. Wählen Sie fettarme Sorten und achten Sie auch auf die richtige Zubereitung. Paniertes Fleisch ist eine wahre Kalorienbombe, Kochen oder Braten in wenig Öl dagegen spart Kalorien.

4 Essen Sie reichlich Ballaststoffe, also frisches Obst, Salat und Gemüse. Die unverdaulichen Pflanzenfasern sättigen, ohne dick zu machen.

5 Bereiten Sie so viel wie möglich frisch zu und verzichten Sie weitgehend auf Fertigprodukte oder Fastfood. Beides enthält enorm viele Kalorien und Inhaltsstoffe, die den Appetit anregen.

6 Meiden Sie alkoholische Getränke. Sie liefern viele Kalorien und fördern zudem den Appetit.

7 Essen Sie nicht beim Fernsehen, beim Lesen oder aus Langeweile, sondern essen Sie bewusst. So stellt sich das Sättigungsgefühl schneller ein.

8 Hören Sie auf zu essen, wenn Sie satt sind, und räumen Sie Reste gleich weg.

9 Halten Sie sich bei Einladungen ins Restaurant oder zu Freunden mit dem Essen zurück, lassen Sie sich nicht beirren. Das Motto „Einmal ist keinmal“ gilt beim Abnehmen nicht!

10 Bewegen Sie sich viel, geeignet sind zum Beispiel Wandern, Schwimmen, Radfahren, Gymnastik. Sport steigert den Energieverbrauch und ist neben der richtigen Ernährung das A und O beim Abnehmen!

Was Sie noch wissen sollten

Dieses Buches soll mehr sein als ein reines Kochbuch. Es soll Ihnen helfen, Ihr Wunschgewicht zu erreichen und zu halten. Damit Ihr Erfolg von Dauer ist, werden Sie sich immer wieder mit dem Thema „Kalorien“ auseinander setzen müssen. Deshalb enthält dieses Buch nicht nur rund 100 Rezepte zum Abnehmen, sondern auch einige Info-Kästen, mit deren Hilfe Sie Ihre Rezeptpalette beliebig erweitern können.

Essen nach dem Baukastensystem

Sie finden in diesem Buch eine Reihe leckerer Rezepte, angefangen von Frühstücksideen bis hin zur knackigen Salatplatte am Abend. Aber natürlich ist die hier vorgenommene Einteilung nicht verbindlich. Sie können sich Ihre Mahlzeiten so zusammenstellen, wie Sie Lust und Appetit haben: Der Brotaufstrich aus dem Kapitel „Frühstück“ schmeckt auch am Abend, das Dessert kann mittags entfallen und als Nachmittagsimbiss verzehrt werden. Wenn Sie einmal wenig Appetit haben, bereiten Sie sich mittags oder abends nur einen Snack zu. Wichtig ist nur, dass Sie den Überblick über die aufgenommenen Kalorien behalten und Ihr Limit von 1200 beziehungsweise 1600 Kilokalorien nicht überschreiten.

Um es Ihnen so leicht wie möglich zu machen, sind die Rezepte dieses Buches bereits mit Nährwertangaben versehen, die Sie nur noch zusammenzählen müssen. Stellen Sie Ihre fünf Mahlzeiten einfach nach Lust und Laune aus den folgenden Rezepten zusammen. Als Beispiel finden Sie auf Seite 140 und 141 einen Wochenspeiseplan mit einer Gesamtenergiezufuhr von 1200 Kilokalorien am Tag.

Frühstücke wie ein Kaiser ...

... esse mittags wie ein König und abends wie ein Bettelmann – dies ist die einzige Einschränkung, die Sie, abgesehen von der Kaloriengrenze, noch beherzigen sollten. Ein reichhaltiges (vollwertiges) Frühstück sorgt für einen guten Start in den Tag. Abends dagegen sollten Sie Ihren Magen nicht mit einer üppigen Mahlzeit belasten.

Ein Wort zum Trinken

Ausreichendes Trinken ist wichtig. Mindestens 1,5 Liter Flüssigkeit muss ein Erwachsener am Tag zu sich nehmen, um gesund und fit zu bleiben. Wer abnehmen will, sollte auch bei der Auswahl seiner Getränke auf deren Energiegehalt achten – diese Kalorien müssen bei der Erstellung des täglichen Speiseplans ebenfalls berücksichtigt werden!

Mineralwasser und ungesüßter Kräuter- oder Früchtetee sind in beliebiger Menge erlaubt, da sie keine Kalorien haben. Auch Kaffee und schwarzer Tee schlagen kalorienmäßig nicht zu Buche, sind aber wegen ihres Koffeingehalts nur in Maßen empfehlenswert. Den Energiegehalt weiterer kalter Getränke können Sie der Übersicht auf der folgenden Seite entnehmen. Auf Seite 22 finden Sie den Energiegehalt einer Reihe warmer Getränke.

Getränk (je 100 ml)	*kcal*	*kJ*
Alkoholfreie Getränke		
Cola-Getränke*	44	185
Limonaden*	49	206
kalorienarme Limonaden	12	50
Fruchtsaftgetränke*	49	206
Apfelsaft	46	193
Orangensaft, frisch gepresst	46	193
Orangensaft, ungezuckert	44	185
Orangensaft, Konzentrat	212	890
Johannisbeernektar, schwarz	64	268
Traubensaft	68	286
Grapefruitsaft	36	151
Alkoholische Getränke		
Exportbier, hell	47	197
Lagerbier (Vollbier), hell	43	180
Pilsener Lagerbier (5 Vol.-%)	43	180
Likör (30 Vol.-%)	166	697
Obstbranntwein (40-45 Vol.-%)	248	1041
Weinbrand (38 Vol.-%)	240	1008
Qualitätswein, weiß (10-12 Vol.-%)	70	294
Qualitätswein, rot (10-12 Vol.-%)	74	310
Dessertweine (16-18 Vol.-%)	160	672
Sekt (11-12 Vol.-%)	83	349

(Vol.-% = Volumenprozent)

* Diese Getränke sind zwar nicht energiereicher als reine Fruchtsäfte, enthalten aber reichlich Zucker, der die Zähne schädigen und unter Umständen zu Diabetes mellitus führen kann.

Tipps zum „schlanken Kochen"

Sie besitzen die richtige Einstellung dazu und die notwendige Disziplin. Abnehmen erfordert konsequentes Vorgehen, denn kleine Sünden rächen sich enorm. Halten Sie sich unbedingt an die Mengenvorgaben, insbesondere bei Fleisch, Fisch und Nudeln. Den Gemüseanteil können Sie notfalls etwas erhöhen, wenn Sie nicht satt werden sollten. Oder essen Sie zwischendurch etwas Obst.
Auch wenn es zunächst eine große Umstellung bedeutet – gewöhnen Sie sich daran, Brat- oder Kochfett mit einem Tee- oder Esslöffel abzumessen, denn bereits ein Teelöffel Öl fällt mit rund 45 Kilokalorien (189 Kilojoule) ins Gewicht! Das Gleiche gilt natürlich für Sahne oder Crème fraîche. Da man die beste Diät nicht lange durchhält, wenn der Genuss beim Essen zu kurz kommt, wurden einige wenige Rezepte damit verfeinert.

Was Sie brauchen

Vorteilhaft ist eine möglichst genaue Küchenwaage, denn beim Abschätzen täuscht man sich leicht. Mit der Zeit werden Sie Routine bekommen und nicht mehr alles abwiegen müssen, aber am Anfang lohnt sich die Mühe. Außerdem ist es ratsam, sich beschichtete Pfannen zu kaufen, da man mit ihnen nur noch wenig Fett zum Braten benötigt. Die Fettangaben der folgenden Rezepte sind bereits darauf abgestimmt. Im Rezeptteil finden Sie meist nur die Bezeichnung „Öl" oder „Margarine" zum Braten und Kochen. Damit sind reine Pflanzenfette gemeint, die sich hoch erhitzen lassen. Verwenden Sie zum Braten am besten reines Olivenöl oder Pflanzenmargarine, die auf der Packung mit dem Hinweis „zum Kochen und Braten" versehen ist. Zur Zubereitung von Salaten können Sie neben (kalt gepresstem) Olivenöl auch Sonnenblumen-oder Maiskeimöl verwenden. Achten Sie beim Kauf von Fett darauf, dass es einen hohen Anteil an den wertvollen ungesättigten und mehrfach ungesättigten Fettsäuren hat. Tierische Fette wie Butter sind zwar ebenfalls gut zum Kochen geeignet, sie enthalten aber einen hohen Anteil an gesättigten Fettsäuren, die den Cholesterinspiegel und die Blutfettwerte in die Höhe treiben.

Genuss ohne Reue

Dass Genießen und Abnehmen nicht unvereinbare Gegensätze sein müssen, möchten Ihnen die folgenden Rezepte beweisen. Und da sie zudem auch ohne viel Aufwand und in kürzester Zeit zu realisieren sind, steht dem neuen, auf die schlanke Linie bedachten Kochvergnügen nichts mehr im Wege!
Wenn nicht anders angegeben, sind alle Rezepte in diesem Buch für eine Portion berechnet. Verwendete Abkürzungen finden Sie auf Seite 143 aufgelistet. Gerichte, die mit dem nebenstehenden Symbol gekennzeichnet sind, eignen sich auch als Proviant für unterwegs. Verpacken Sie das Essen am besten luftdicht in einer verschließbaren Plastikschüssel.

Frühstück

Das Frühstück am Morgen macht ausgeglichen und erleichert den Start in den Tag – besonders, wenn es in Ruhe genossen werden kann. Die vorgestellten Rezepte geben vielfältige Anregungen, wählen Sie zwischen Müsli, Jogurt, Quark, Haferflocken ...

Knusperfrühstück

Müsli auf Vorrat (6 Portionen): 100 g Weizenflocken, 2 EL Kokosflocken, 1 EL gehackte Walnusskerne, 1 EL gehackte Mandeln, 1 Msp. Mark einer Vanilleschote, 2 EL Öl, 1 TL Honig, 50 g Rosinen

1 Weizen- und Kokosflocken, Walnüsse, Mandeln und Vanille mischen. In einer beschichteten Pfanne Öl und Honig erhitzen und 1 Minute kochen. Die Flockenmischung hineingeben und rasch verrühren, dann ca. 4 Minuten unter häufigem Wenden rösten.

2 Die gewaschenen und abgetropften Rosinen zugeben und weitere 4 Minuten bei kleiner Hitze mitrösten. Das Müsli abkühlen lassen. In einem verschließbaren Glas aufbewahren.

Zubereitungszeit: 15 Minuten (plus Zeit zum Abkühlen)
Nährwert (pro Portion, ohne Milchprodukte und Obst):
ca. 150 kcal (630 kJ)

Tipp

Für das Frühstück ½ Banane (oder anderes Obst, nach Belieben) schälen, in Scheiben schneiden und zum Müsli geben. Das Ganze mit ½ Becher Jogurt (1,5 % Fett) oder Kefir mischen.

Warme Getränke zum Frühstück

Ein Frühstück ohne ein warmes Getränk ist für viele undenkbar. Vor allem die Muntermacher wie Tee und Kaffee sind es, die man auf der morgendlichen Tafel nicht missen möchte. Aber aufgepasst: Denn auch hier können sich reichlich Kalorien verstecken! Seien Sie sparsam im Gebrauch von Zucker und Kondensmilch.

Getränk	kcal	kJ
1 Tasse Kaffee/Tee ohne Zucker und Milch	–	–
1 Tasse Kaffee/Tee ohne Zucker, mit Milch*	15	63
1 Tasse Kaffee/Tee mit 1 TL Zucker, ohne Milch	30	126
1 Tasse Kaffee/Tee mit 1 TL Zucker und Milch*	45	189
1 Glas (0,2 l) fettarme Milch (1,5 % Fett)	95	399
1 Glas (0,2 l) Vollmilch (3,5 % Fett)	130	546
1 Glas (0,2 l) Kakao	185	777

* 1 Tassenpackung Kondensmilch, 7,5 g, 10 % Fett

Verwenden Sie Süßstoff statt Zucker. Er hat keine Kalorien, während ein Tee löffel Zucker gleich mit 30 kcal (126 kJ) ins Gewicht fällt! Außerdem verursacht zu viel Zucker Karies und kann die Verwertung von Vitamin B_1 stören.

Wenn Sie Ihr Getränk mit Honig süßen wollen, denken Sie daran: 100 g Bienenhonig enthalten 325 kcal (1365 kJ)!

Porridge

Je 125 ml Milch (1,5 % Fett) und Wasser,
50 g grobe Haferflocken, 3 Backpflaumen, 1 TL Honig,
2 EL Jogurt (1,5 % Fett), 2 EL Fruchtsaft

1 Milch und Wasser mischen, die Haferflocken einrühren und in 3 bis 5 Minuten zu einem dicken Brei kochen. Dabei gelegentlich umrühren.

2 Die Backpflaumen in kleine Stücke schneiden und zugeben. Den Porridge mit Honig, Jogurt und Fruchtsaft verfeinern.

Zubereitungszeit: 10 Minuten / Nährwert: ca. 350 kcal (1470 kJ)

Weizenschrotmüsli

40 g Weizenschrot, 150 ml Wasser, 150 g Kefir, 100 g Obst
nach Geschmack, 1 TL Honig, 1 TL gehackte Haselnüsse

1 Den Weizenschrot über Nacht im Wasser einweichen und im Kühlschrank aufbewahren.

2 Den gequollenen Weizenschrot zusammen mit dem Kefir verrühren, das Obst raspeln oder in Stücke schneiden und zugeben.

3 Das Müsli mit Honig abschmecken und mit Nüssen bestreuen.

Zubereitungszeit: 5 Minuten / Nährwert: ca. 300 kcal (1260 kJ)

Frühstücksflocken & Co.

Damit Sie Ihr Frühstücksmüsli nach Belieben zusammenstellen können, ohne den Überblick über die darin enthaltenen Kalorien zu verlieren, finden Sie in der folgenden Tabelle eine kleine Auswahl von Frühstücksflocken, Samen und Nüssen.

Getreideprodukte	**kcal**	**kJ**
Haferflocken	354	1479
Roggen, Korn	293	1225
Roggen, Speisekleie	176	736
Weizen, Korn	308	1287
Weizen, Speisekleie	174	728
Getreide-Fertigprodukte		
Cornflakes	356	1490
Müsli-Mischung (i. D.)	394	1648
Früchtemüsli ohne Zucker (i. D.)	363	1518
Schokomüsli (i. D.)	399	1668
Samen und Nüsse		
Cashewnüsse	569	2380
Erdnüsse, geröstet	586	2450
Haselnüsse	647	2705
Kokosraspel	606	2536
Leinsamen, ungeschält	398	1666
Mandeln	577	2413
Paranüsse	668	2796
Pinienkerne	674	2820
Pistazienkerne	618	2584
Sesamsamen	562	2350
Walnüsse	666	2788

(Nährwertangaben je 100 g verzehrbarer Anteil)

Früchtemüsli

½ Apfel, ½ Orange, ¼ Banane, 2 EL grobe Haferflocken, 1 EL Rosinen, 2 Backpflaumen, ½ Becher Jogurt (1,5 % Fett), 125 ml Milch (1,5 % Fett), 1 TL Sesamsamen

1 Das Obst waschen, schälen und in Stücke schneiden. Die Haferflocken, Rosinen und geviertelten Backpflaumen untermischen.

2 Den Jogurt zusammen mit der Milch glatt rühren und darüber gießen. Die Sesamsamen in einer beschichteten Pfanne ohne Fettzugabe leicht anrösten und über das Müsli streuen.

Zubereitungszeit: 15 Minuten / Nährwert: ca. 350 kcal (1470 kJ)

Rund ums Frühstücksbrot

Was darf darunter?

Die Frage, ob Butter oder Margarine verwendet werden soll, wird unter Wissenschaftlern und Gourmets wohl noch lange diskutiert werden und trotzdem offen bleiben. Butter enthält die schädlichen gesättigten Fettsäuren, gilt aber als das „natürlichere“ Produkt. In der Margarine stecken die wertvolleren Fettsäuren, dafür wird sie technologisch kräftig „bearbeitet“. Im Grunde genommen ist die Wahl zwischen Butter und Margarine bei nahezu gleicher Kalorienzahl eine schwierige Entscheidung. Allerdings gibt es heute eine Reihe von Diät- und Halbfettmargarinen, die deutlich energieärmer sind und daher im Rahmen einer Diät empfohlen werden können. Aber grundsätzlich gilt: Jedes Fett darf nur dünn aufs Brot, auch wenn es „entschärft“ worden ist!

Was darf darauf?

Neben den Klassikern wie Marmelade (100 g = i.D. 26 kcal/ 1117 kJ) und Honig (100 g = i.D. 325 kcal/1365 kJ) gibt es eine Reihe leckerer Möglichkeiten, das Frühstücksbrot zu belegen. Sie können am Frühstückstisch für Abwechslung sorgen: Angefangen bei pikanten Quarkaufstrichen bis hin zu einer herzhaften Scheibe Wurst oder Käse, Ihrer Fantasie sind keine Grenzen gesetzt. Aber halten Sie bereits beim Einkauf die Augen offen, denn der Fettgehalt der meisten Wurst- und Käsesorten ist sehr hoch. Folgende Übersicht bietet Ihnen eine kleine Auswahl fettarmer Wurst- und Käsesorten, die Sie gelegentlich und in Maßen verzehren können.

Wurst	kcal	kJ
Bierschinken	169	709
Geflügelwurst, mager	108	453
Schinken, gekocht	193	810

Käse	kcal	KJ
Frischkäsezubereitung, 20 % F.i.Tr.	134	562
Frühlingsquark	110	459
Körniger Frischkäse	81	340
Schichtkäse, 10 % F.i.Tr.	85	356
Schichtkäse, 20 % F.i.Tr.	105	441
Speisequark, 20 % F.i.Tr.	110	458
Speisequark, 40 % F.i.Tr.	160	670
Butterkäse, 30 % F.i.Tr.	244	1024
Camembert, 30 % F.i.Tr.	206	865
Edamer, 30 % F.i.Tr.	251	1052
Harzer, Korbkäse	126	529
Limburger, 20 % F.i.Tr.	187	785
Limburger, 40 % F.i.Tr.	267	1117
Mozzarella	236	989
Limburger, 40 % F.i.Tr.	267	1117
Romadur, halbfett	200	838
Schmelzkäse, 20 % F.i.Tr.	188	789
Tilsiter, 30 % F.i.Tr.	254	1066

(Nährwertangaben je 100 g verzehrbarer Anteil)

Weitere Frühstücksideen

Quark ist eine ideale Grundlage für leckere Brotaufstriche – egal, ob Sie ihn lieber süß oder herzhaft mögen. Folgende Rezepte sind für je eine Scheibe Brot berechnet.

Zubereitungszeit: jeweils ca. 5 Minuten
Nährwert i. D.: 50 kcal (210 kJ)

Erdbeerquark

2 Esslöffel Magerquark zusammen mit 1 Esslöffel Milch (1,5 % Fett) verrühren und 1 Teelöffel Erdbeermarmelade unterrühren. Den Quark auf das Brot streichen.

Kräuterquark

2 Esslöffel Magerquark zusammen mit 1 Esslöffel Milch (1,5 % Fett) verrühren und mit Salz und weißem Pfeffer abschmecken. Dann 2 Teelöffel fein gehackte, gemischte Kräuter (z.B. Schnittlauch, Zitronenmelisse, Dill) unterrühren. Den Quark auf das Brot streichen.

Tomatenquark

2 Esslöffel Magerquark zusammen mit 1 Esslöffel Milch (1,5 % Fett) verrühren und mit Salz und 1 Messerspitze Zucker abschmecken. 1 Teelöffel Tomatenmark unterrühren, den Quark auf das Brot streichen, mit Kresse bestreuen.

Kümmelquark

2 Esslöffel Magerquark zusammen mit 1 Esslöffel Milch (1,5 % Fett) verrühren und mit Salz und 1 Messerspitze gemahlenem Kümmel oder ½ Teelöffel ganzem Kümmel abschmecken. Den Quark auf das Brot streichen, mit fein gehackten Schnittlauchröllchen bestreuen.

Tipp

Bereiten Sie einen Quark Ihrer Wahl zu und genießen Sie ihn in einer Arbeitspause oder bei einem Ausflug als Dip für eine Scheibe Brot. Verwenden Sie zum Aufbewahren und Mitnehmen des Quarks eine Plastikschüssel.

Rezepte für ein festliches Sonntagsfrühstück

Knusperwaffeln

60 g Mehl mit 100 ml Milch (1,5 % Fett), 1 Eigelb, 1 Prise Salz, 1 Spritzer Süßstoff flüssig, 1 TL zerlassener Margarine und 1 steif geschlagenen Eiweiß verrühren. Den Teig portionsweise im Waffeleisen knusprig backen.

Dazu passt: Puderzucker, Marmelade oder Kompott aus frischen Früchten.

Zubereitungszeit: 20 Minuten / Nährwert: ca. 400 kcal (1680 kJ)

Crêpes

40 g Mehl mit 1 Ei, 1 Prise Salz, 1 TL Puderzucker, 1 TL Rum (40 Vol.-%) und so viel Milch (1,5 % Fett) verrühren, dass ein fast flüssiger Teig entsteht. Den Teig mit insgesamt 1 TL Margarine in einer Pfanne in 2-3 Portionen hauchdünn ausbacken.

Dazu passt: Puderzucker, Marmelade oder Kompott aus frischen Früchten

Zubereitungszeit: 20 Minuten / Nährwert: ca. 350 kcal (1470 kJ)

Suppen

Die folgenden Rezepte sind jeweils als Hauptgericht berechnet. Wenn Sie eine Suppe als Vorspeise essen möchten, können Sie entweder die Hälfte der bei den Zutaten angegebenen Mengen verwenden oder sich auf Seite 37 unter der Überschrift „Suppen als Vorspeise“ informieren.
Als Beilage zur Suppe ist Brot am besten geeignet. Wenn es nicht schon fester Bestandteil der Rezepte ist, können Sie sich das Brot auf Seite 52 aussuchen und die Kalorien dazurechnen.

Kartoffelsuppe

150 g Kartoffeln (mehlig oder vorwiegend fest kochend),
½ Zwiebel, 1 kleine Karotte, ¼ Lauchstange, 1 gestr. EL Margarine,
250 ml klare Fleischbrühe (Instant), Salz, frisch gemahlener Pfeffer,
je ½ TL Majoran und Thymian (getrocknet),
1 EL Schnittlauchröllchen

1 Die Kartoffeln waschen, schälen und klein würfeln. Die Zwiebel schälen und fein hacken. Die Karotte waschen, schälen und in schmale Stifte schneiden. Den Lauch putzen, waschen und in feine Ringe schneiden.

2 Die Margarine in einem Topf zerlassen. Kartoffeln, Zwiebel, Karotte und Lauch zugeben und unter gelegentlichem Rühren 5 Minuten dünsten. Mit der Brühe auffüllen und die Suppe 15 Minuten zugedeckt bei mittlerer Hitze köcheln lassen.

3 Die Kartoffelsuppe mit dem Handmixstab pürieren, mit Salz, Pfeffer, Majoran und Thymian abschmecken. Vor dem Servieren den fein geschnittenen Schnittlauch in die Suppe streuen.

Zubereitungszeit: 30 Minuten / Nährwert: ca. 200 kcal (840 kJ)

Gemüsesuppe mit Käse

½ Zwiebel, 1 kleine Kartoffel, ½ Karotte, ¼ Zucchino,
½ Lauchstange, 1 EL Öl, 250 ml klare Gemüsebrühe (Instant),
Salz, frisch gemahlener Pfeffer, 1 EL Parmesankäse

1 Die Zwiebel schälen und fein hacken. Die Kartoffel, die Karotte und den Zucchino waschen, schälen und in sehr kleine Würfel schneiden, den Lauch putzen und in feine Ringe schneiden.

2 Das Öl in einem Topf erhitzen. Zwiebel und Kartoffelwürfel kurz darin anbraten, dann das restliche Gemüse dazugeben. Mit der Gemüsebrühe auffüllen. Die Suppe 20 Minuten köcheln lassen, dann mit Salz und Pfeffer abschmecken. In einen vorgewärmten Teller geben und mit Parmesan bestreuen.

Zubereitungszeit: 30 Minuten / Nährwert: ca. 250 kcal (1050 kJ)

Pikante Tomatensuppe

125 ml Tomatensaft, 125 ml klare Fleischbrühe (Instant),
2 Oliven, 1 Prise Paprikapulver, 1 Spritzer Tabasco-Sauce,
2 EL gemischte, fein gehackte Kräuter (z. B. Basilikum, Thymian,
Majoran, Rosmarin), Salz, frisch gemahlener Pfeffer, 1 EL Weinbrand

1 Tomatensaft und Fleischbrühe erhitzen. Die Oliven sehr klein schneiden und zugeben.

2 Die Suppe mit den Kräutern und Gewürzen kräftig abschmecken. Zum Schluss den Weinbrand unterrühren, die Suppe kochend heiß servieren.

Zubereitungszeit: 10 Minuten / Nährwert: ca. 100 kcal (420 kJ)

Brokkolicremesuppe

100 g Brokkoli, Salz, 1 kleine Kartoffel, 1 Schalotte,
1 gestr. TL Margarine, 1 Msp. Currypulver,
150 ml klare Gemüsebrühe (Instant), 50 ml Milch (1,5 % Fett),
1 EL Crème fraîche, 1 Msp. gemahlene Muskatnuss,
frisch gemahlener Pfeffer

1 Den Brokkoli grob zerteilen und kurz in kochendes Salzwasser geben. Den Brokkoli herausheben, die Röschen etwas zerkleinern, die Stiele in feine Scheibchen schneiden.

2 Die Kartoffel waschen, schälen und mit einem Gemüsehobel in dünne Scheiben hobeln. Die Schalotte schälen und in feine Ringe schneiden.

3 Die Margarine in einem Topf zerlassen und die Schalottenringe darin andünsten. Das Currypulver dazugeben und kurz mitdünsten. Mit der Gemüsebrühe auffüllen. Die Kartoffelscheiben und die Brokkolistiele dazugeben, dann die Suppe zugedeckt 15 Minuten köcheln lassen.

4 Die Suppe mit dem Handmixstab pürieren, Milch und Crème fraîche einrühren und mit Muskatnuss, Salz und Pfeffer abschmecken. Alles kurz aufkochen, dann die Brokkoliröschen zugeben und noch 2 Minuten ziehen lassen.

Zubereitungszeit: 30 Minuten / Nährwert: ca. 200 kcal (840 kJ)

Tipp

Ersetzen Sie auch einmal den Brokkoli durch Blumenkohl. Was die Kalorien betrifft, macht das keinen Unterschied, aber Sie haben mehr Abwechslung auf dem Tisch.

Erbsencremesuppe

1 Frühlingszwiebel, 1 gestr. EL Margarine, 1 gestr. TL Weizenmehl, 1 Msp. Currypulver, 100 ml klare Gemüsebrühe (Instant), 100 g grüne Erbsen (frisch oder TK), 2 TL Crème fraîche, je 1 Prise Salz und frisch gemahlener Pfeffer, 1 Blättchen Borretsch, 1 EL gehackte Petersilie

1 Die Frühlingszwiebel putzen, waschen und in dünne Ringe schneiden. Die Margarine in einem Topf zerlassen, die Zwiebelringe darin andünsten. Mehl und Currypulver darüber stäuben.

2 Die Hälfte der Gemüsebrühe angießen. Die Erbsen zugeben, kurz aufkochen und 5 Minuten köcheln lassen.

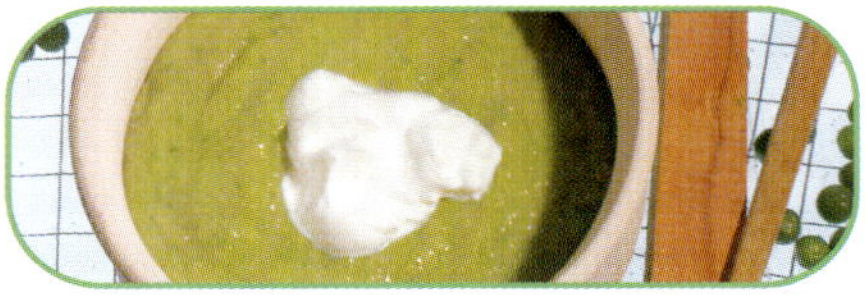

3 Die Suppe mit dem Handmixstab pürieren und die restliche Gemüsebrühe zugießen. Die Hälfte der Crème fraîche zur Suppe geben, mit Salz und Pfeffer abschmecken. Die Suppe noch 10 Minuten köcheln lassen.

4 Kurz vor dem Servieren den fein geschnittenen Borretsch und die gehackte Petersilie zugeben.

5 Die Suppe in einen vorgewärmten Teller geben und mit der restlichen Crème fraîche garnieren.

Zubereitungszeit: 30 Minuten / Nährwert: ca. 200 kcal (840 kJ)

Kresserahmsuppe

150 g Kartoffeln (mehlig kochend), ½ Schalotte,
1 gestr. TL Margarine, 250 ml klare Gemüsebrühe (Instant),
50 g Sahne, Salz, Pfeffer, ½ Kästchen Gartenkresse

1 Die Kartoffeln waschen, schälen und raspeln. Die Schalotte schälen und sehr fein hacken.

2 Die Margarine in einem Topf zerlassen, die Schalotte darin bei schwacher Hitze anbraten. Die Kartoffelraspel zugeben und unter Rühren kurz mitbraten.

3 Die Gemüsebrühe und die Hälfte der Sahne dazugießen, die Suppe salzen und pfeffern und zugedeckt bei schwacher Hitze etwa 15 Minuten köcheln lassen, bis die Kartoffeln weich sind.

4 Inzwischen die restliche Sahne mit dem Schneebesen kräftig durchrühren, bis sie steif zu werden beginnt. Die Kresse gründlich abbrausen, abtropfen lassen und unter die geschlagene Sahne mischen.

5 Die Suppe in einen vorgewärmten Teller geben, die Kressesahne gleichmäßig darauf verteilen und mit der Gabel einmal durch die Suppe ziehen. (Suppe und Sahnehäubchen sollen sich nur locker verbinden.)

Zubereitungszeit: 30 Minuten / Nährwert: ca. 350 kcal (1470 kJ)

Tipp

Sie können das Rezept noch ein wenig „verschlanken", indem Sie statt der Kressesahne geröstete Brotwürfel zusammen mit der Kresse in die fertige Suppe streuen.

Suppen als Vorspeise

Oft ist der Nährwert des Hauptgerichts schon so hoch, dass eine gehaltvolle Suppe als Vorspeise insgesamt zu viele Kalorien hätte. Wer trotzdem nicht auf einen Teller Suppe verzichten möchte, kann auf klare Brühe mit Einlage zurückgreifen.

Einlagen	**kcal**	**kJ**
25 g Suppennudeln	90	378
25 g Vollkornnudeln	86	359
1 Vollkorntoast (geröstete Würfel)	70	294
100 g Erbsen (TK)	70	294
100 g Brokkoli (TK)	30	126
100 g Karotten (Möhren)	30	125
100 g Lauch	25	105
100 g Leberspätzle (TK)	115	483
20 g Weizengrieß	65	273
100 g getrocknete Pilze* (i. D.)	10	42
100 g Suppengemüse (TK)	25	105
2 EL gemischte Kräuter	5	21
1 Ei	80	336
Brühe		
250 ml klare Fleischbrühe oder		
250 ml klare Gemüsebrühe (Instant)	ca. 15	63

* nur eingeweicht verwenden

Karottensuppe mit Lachs

250 ml Karottensaft, 1 kleine Kartoffel,
1 gestr. EL gehackte Haselnüsse, Salz, frisch gemahlener Pfeffer,
1 Scheibe Räucherlachs (ca. 70 g), 1 TL saure Sahne

1 Den Karottensaft erhitzen. Inzwischen die Kartoffel schälen, waschen und in kleine Würfel schneiden. Die Kartoffelwürfel etwa 15 Minuten im Karottensaft garen.

2 Die Kartoffeln im Saft mit dem Handmixstab pürieren. Die Hälfte der Haselnüsse einrühren, die Suppe mit Salz und Pfeffer abschmecken.

3 Die Karottensuppe im Teller anrichten, die in Streifen geschnittene Räucherlachsscheibe zugeben. Die Suppe mit den restlichen Haselnüssen bestreuen, die saure Sahne als Klecks in die Mitte setzen.

Zubereitungszeit: 30 Minuten / Nährwert: ca. 350 kcal (1470 kJ)

Hühnersuppe mit Nudeln

1 Schalotte, 1 TL fein gehackter Kerbel,
1 EL fein gehackte Petersilie, 1 gestr. TL Margarine,
250 ml Hühnerbrühe (Instant), 25 g Suppennudeln,
50 g gekochtes oder gebratenes Hühnerfleisch (Reste), Salz,
frisch gemahlener Pfeffer, 1 kleine Msp. Muskatnuss

1 Die Schalotte schälen, fein hacken und zusammen mit der Hälfte der Kräuter im heißen Fett glasig dünsten. Die Brühe angießen, kurz aufkochen lassen.

2 Die Nudeln zugeben und gar kochen. In der Zwischenzeit das Hühnerfleisch in kleine Stücke schneiden und zusammen mit den restlichen Kräutern in die Suppe geben. Kurz erhitzen. Mit Salz, Pfeffer und Muskatnuss kräftig abschmecken.

Zubereitungszeit: 25 Minuten / Nährwert: ca. 250 kcal (1050 kJ)

Kümmelsuppe mit Croûtons

½ Zwiebel, 1 gestr. EL Margarine, 1 gestr. EL Mehl, ½ TL Kümmel, 125 ml Milch (1,5 % Fett), 125 ml klare Fleischbrühe (Instant), Salz, weißer Pfeffer, 1 Scheibe Vollkorntoast, 1 Eigelb

1 Die Zwiebel schälen und in sehr feine Streifen schneiden. Die Margarine in einem Topf zerlassen, die Zwiebelstreifen darin andünsten.

2 Das Mehl zugeben und unter ständigem Rühren hellbraun werden lassen. Den Kümmel einstreuen, mit Milch und Fleischbrühe ablöschen.

3 Die Suppe mit Salz und Pfeffer abschmecken und 15 Minuten bei mittlerer Hitze köcheln lassen.

4 In der Zwischenzeit das Toastbrot im Toaster rösten und anschließend in 1 cm große Würfel schneiden.

5 Die Suppe kurz vor dem Servieren mit dem Eigelb legieren. Die Brotwürfel erst am Tisch in die Suppe geben.

Zubereitungszeit: 25 Minuten / Nährwert: ca. 300 kcal (1260 kJ)

Fenchelsuppe mit Würstchen

Fenchelsuppe mit Würstchen

150 g Fenchel, 1 gestr. TL Margarine, 1 gestr. TL Mehl,
50 ml Milch (1,5 % Fett), 200 ml klare Gemüsebrühe (Instant),
Salz, frisch gemahlener Pfeffer, 1 Spritzer Zitronensaft,
1 Wiener Würstchen (aus Putenfleisch)

Variante: mit Nudeln + Schrimps

1 Den Fenchel waschen, das Fenchelgrün abtrennen und beiseite legen, die Knolle in feine Streifen schneiden. Die Margarine in einem Topf erhitzen, den Fenchel kurz darin dünsten, dann das Mehl darüber stäuben. Mit Milch und Gemüsebrühe aufgießen. Die Suppe aufkochen und 10 Minuten köcheln lassen.

2 Mit Salz, Pfeffer und Zitronensaft abschmecken. Das Wiener Würstchen in dünne Scheiben schneiden, dazugeben und die Suppe weitere 5 Minuten bei schwacher Hitze kochen.

3 Die Suppe in einen vorgewärmten Teller geben und mit dem fein gehackten Fenchelgrün bestreuen.

Zubereitungszeit: 25 Minuten / Nährwert: ca. 250 kcal (1050 kJ)

Tunfisch-Mais-Suppe

150 ml klare Gemüsebrühe (Instant), 5 cl Weißwein (trocken), ½ Dose Tunfisch (im eigenen Saft), 70 g Gemüsemais (aus der Dose), 1 Knoblauchzehe, ½ rote Paprikaschote, 1 gestr. TL Margarine, 1 Msp. Paprikapulver (edelsüß), frisch gemahlener Pfeffer

1 Die Gemüsebrühe und den Wein in einem Topf erhitzen. Den Tunfisch zerteilen und zusammen mit dem gut abgetropften Mais in der Flüssigkeit erhitzen.

2 Die Knoblauchzehe schälen und fein hacken. Die Paprikaschote waschen, von Stielansatz, Kernen und weißen Häutchen befreien und in sehr feine Streifen schneiden.

3 Die Margarine in einer Pfanne erhitzen, Knoblauchzehe und Paprikastreifen darin leicht andünsten. Nach etwa 4 Minuten das Paprikapulver einrühren.

4 Die Knoblauch-Paprika-Mischung in die Suppe geben, mit Pfeffer abschmecken und sehr heiß servieren.

Zubereitungszeit: 20 Minuten / Nährwert: ca. 250 kcal (1050 kJ)

Feine Kräutersuppe

½ Schalotte, 1 gestr. TL Margarine,
250 ml klare Gemüsebrühe (Instant), 1 gestr. EL Speisestärke,
4 TL Wasser, 1 EL saure Sahne, ½ Bund Kerbel, ½ Bund Petersilie,
½ Kästchen Kresse, Salz, frisch gemahlener Pfeffer,
1 Scheibe Vollkorntoast

1 Die Schalotte schälen und sehr fein hacken. Die Margarine in einem Topf erhitzen, die Schalotte darin andünsten. Die Gemüsebrühe zufügen und zum Kochen bringen.

2 Die Speisestärke mit dem Wasser anrühren, die Brühe damit binden. Dann die saure Sahne einrühren.

3 Kerbel und Petersilie kurz abbrausen, trockenschütteln, feinhacken und zur Suppe geben. Die Kresse abbrausen, abtropfen lassen und mit einer Schere direkt über dem Topf abschneiden.

4 Die Kräutersuppe mit Salz und Pfeffer abschmecken, 3 Minuten ziehen lassen und dann in einen vorgewärmten Teller geben. Das Toastbrot im Toaster rösten, in kleine Würfel schneiden und darüber streuen.

Zubereitungszeit: 20 Minuten / Nährwert: ca. 250 kcal (1050 kJ)

Tipp

Hacken Sie Kräuter nicht auf Holzbrettern, da diese den wertvollen Saft aufsaugen. Verwenden Sie besser Unterlagen aus Porzellan oder Kunststoff.

Überbackene Lauchsuppe

100 g Lauch (Porree),
1 EL Öl, 250 ml klare Gemüsebrühe (Instant),
1 TL Speisestärke, 1 Eigelb, 1 EL Milch (1,5 % Fett),
Salz, frisch gemahlener Pfeffer, 1 Eiweiß, 1 EL ger. Emmentaler

1 Den Lauch putzen, waschen und in feine Ringe schneiden. Das Öl in einem Topf erhitzen, den Lauch darin andünsten.

2 Die Gemüsebrühe angießen und zum Kochen bringen. Die Suppe 10 Minuten köcheln lassen.

3 Die Speisestärke mit dem Eigelb und der Milch verrühren und die Suppe damit binden. Mit Salz und Pfeffer würzen. Das Eiweiß steif schlagen, den Käse darunter heben.

4 Die Suppe in eine feuerfeste Suppentasse geben, den Käse-Eischnee darauf verteilen und die Suppe bei 200 °C im vorgeheizten Backofen oder in der Mikrowelle (mit Grillfunktion) kurz überbacken.

Zubereitungszeit: 25 Minuten / Nährwert: ca. 300 kcal (1260 kJ)

Tipp

Zum Überbacken können Sie auch Gruyère oder mittelalten Gouda verwenden. Sie schmecken noch etwas würziger als Emmentaler Käse und ziehen ebenfalls kaum Fäden.

Salate

Folgende Salatrezepte sind jeweils als Hauptgericht berechnet. Salate, die sich als Beilage zu Fleisch- oder Fischgerichten eignen, finden Sie auf Seite 58. Wenn Sie wollen, können Sie sich von der Liste auf Seite 52 ein passendes Brot als Beilage aussuchen und die Kalorien dazurechnen.

Maissalat mit Putenbrust

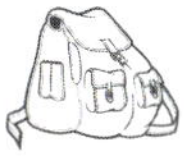

75 g Maiskörner aus der Dose, ½ Apfel, je ¼ rote und grüne Paprikaschote, ½ kleine Zwiebel, 1 EL Kräuteressig, Salz, frisch gemahlener Pfeffer, 1 EL Sonnenblumenöl, 1 Zweig Dill, 2 EL Jogurt (1,5 % Fett), 2 TL ger. Meerrettich (aus dem Glas), 1 Msp. Zucker, 1 Spritzer Zitronensaft, 100 g geräucherte Putenbrust (dünn geschnitten)

1 Den Mais abtropfen lassen. Den Apfel schälen, das Kerngehäuse entfernen, den Apfel in kleine Stücke schneiden. Die Paprikaschoten waschen, die Viertel von den Kernen und den weißen Häutchen befreien und würfeln. Die Zwiebel schälen und fein hacken. Alles gut vermischen.

2 Eine Marinade aus Essig, Salz, Pfeffer und Öl bereiten und mit dem Maissalat mischen.

3 Den Dill abbrausen, trockenschütteln und fein hacken. Mit Jogurt und Meerrettich vermischen. Die Sauce mit etwas Salz, Zucker und dem Zitronensaft abschmecken.

4 Die Putenbrustscheiben auf einem Teller anrichten, den Maissalat aufhäufen. Die Meerrettichsauce getrennt dazu reichen.

Zubereitungszeit: 25 Minuten / Nährwert: ca. 400 kcal (1680 kJ)

Geflügelsalat nach Balkanart

100 g gebratenes Hühnerfleisch (Reste), 1 Sardellenfilet,
½ Dose Champignons (ca. 60 g), 5 grüne Oliven,
½ rote Paprikaschote, 2 EL Jogurt (1,5 % Fett), 1 EL Zitronensaft,
1 TL Weinbrand, Salz, Pfeffer,
1 Msp. Paprikapulver (edelsüß), einige Blätter Kopfsalat

1 Das Hühnerfleisch klein schneiden. Das Sardellenfilet fein hacken. Die Champignons abtropfen lassen, ganze Köpfe halbieren.

2 Die Oliven in Scheiben schneiden, die Paprikaschote waschen, von den Kernen und weißen Häutchen befreien und klein würfeln. Alles vermischen.

3 Den Jogurt zusammen mit Zitronensaft und Weinbrand verrühren, mit Salz, Pfeffer und Paprikapulver abschmecken, über den Salat geben und gut vermischen. Den Geflügelsalat auf den Kopfsalatblättern anrichten.

Zubereitungszeit: 10 Minuten / Nährwert: ca. 250 kcal (1050 kJ)

Tipp

Wer den Salat feuriger mag, kann den Jogurt durch 1 EL Paprikamus (z.B. Ajvar) ersetzen und ein Stückchen fein gehackte Chilischote unterrühren.

Fischsalat mit Estragon

125 g Rotbarschfilet, Saft von 1/4 Zitrone, Salz, 1/2 Zwiebel, 1 Lorbeerblatt, 1 Fleischtomate, 2 Frühlingszwiebeln, 3 Champignons, 1/2 Bund Estragon, 1 EL Estragonessig, je 1/2 TL süßer und mittelscharfer Senf, 1 EL Öl, frisch gemahlener Pfeffer

1 Das Fischfilet waschen, trockentupfen, mit Zitronensaft beträufeln. Dann mit einem scharfen Messer in Streifen schneiden. Die Gräten dabei entfernen.

2 250 ml Wasser mit etwas Salz, der geschälten und geviertelten Zwiebel sowie dem Lorbeerblatt in einem Topf aufkochen.

3 Die Fischstreifen in den Topf geben und bei sehr schwacher Hitze 3 bis 5 Minuten garen, dann herausheben und abkühlen lassen.

4 Die Tomate waschen, vom Stielansatz befreien und in schmale Spalten schneiden.

5 Die Frühlingszwiebeln und Champignons putzen, waschen und in feine Ringe beziehungsweise Blättchen schneiden. Den Estragon waschen, trockenschütteln und grob hacken.

6 Essig und Senf in einer kleinen Schüssel verrühren. Das Öl untermischen, dann den Estragon dazugeben und mit 1 Prise Salz und Pfeffer würzen. Die Fischstreifen mit dem Gemüse vermischen, die Sauce darüber gießen.

Zubereitungszeit: 30 Minuten / Nährwert: ca. 250 kcal (1050 kJ)

Maissalat mit Krabben

1 Fleischtomate, 50 g Maiskörner (aus der Dose),
75 g Krabben (TK oder aus dem Glas),
½ Schalotte, 1 EL Sonnenblumenöl, 1 EL Weißweinessig,
1 EL Wasser, frisch gemahlener Pfeffer, je 1 Msp. Salz und Zucker,
½ Bund Petersilie

1 Die Tomate kurz in kochendes Wasser tauchen, dann häuten und den Stielansatz entfernen. Das Fruchtfleisch in kleine Würfel schneiden. Den Mais abtropfen lassen. Tomatenwürfel und Mais zusammen mit den (aufgetauten) Krabben vermischen.

2 Die Schalotte schälen, sehr fein hacken und zusammen mit Öl, Essig und Wasser verrühren. Mit Pfeffer, Salz und Zucker abschmecken. Die Petersilie abbrausen, trockenschütteln, fein hacken und unter die Sauce rühren. Die Salatzutaten und die Sauce vermischen, eventuell nochmals mit den Gewürzen abschmecken.

Zubereitungszeit: 10 Minuten / Nährwert: ca. 250 kcal (1050 kJ)

Wurstsalat nach Schweizer Art

80 g Geflügel-Fleischwurst, 30 g Emmentaler (45 % F. i. Tr.),
1 kleine Tomate, 1 Essiggurke, ½ Zwiebel, 1 TL Öl,
1 EL Essig, 1 EL Wasser, ½ TL Senf (mittelscharf), Salz,
frisch gemahlener Pfeffer, 1 Msp. Paprikapulver (edelsüß),
1 EL Schnittlauchröllchen

1 Die Fleischwurst enthäuten und in dünne Scheiben schneiden. Den Käse in Stifte schneiden. Die Tomate waschen, halbieren und den Stielansatz entfernen. Das Fruchtfleisch würfeln. Die Essiggurke der Länge nach halbieren und in Scheibchen schneiden. Die Zwiebel schälen und fein hacken.

2 Eine Sauce bereiten aus Öl, Essig, Wasser, Senf, Salz, Pfeffer und Paprikapulver.

3 Die Sauce und die vorbereiteten Zutaten vermischen, eventuell nochmals abschmecken. Mit den fein gehackten Schnittlauchröllchen bestreuen.

Zubereitungszeit: 10 Minuten / Nährwert: ca. 400 kcal (1680 kJ)

Bunter Reissalat

1 Fleischtomate, ½ Dose Gemüsemais (ca. 60 g),
½ Dose Tunfisch (im eigenen Saft), 100 g Reis (gekocht),
1 EL fein gehackte Petersilie, 1 TL Öl, 1 EL Kräuteressig,
½ TL Senf (mittelscharf), Salz, frisch gemahlener Pfeffer,
1 hart gekochtes Ei

1 Die Tomate kurz in kochendes Wasser tauchen, enthäuten, den Stielansatz entfernen und das Fruchtfleisch würfeln.

2 Den Mais abtropfen lassen. Den Tunfisch zerpflücken. Tomatenwürfel, Mais, Tunfisch, Reis und Petersilie in einer Schüssel vermischen.

3 Eine Sauce bereiten aus Öl, Essig, Senf, Salz und Pfeffer und zusammen mit den Salatzutaten mischen. Das Ei schälen und in Scheiben schneiden. Den Reissalat damit garnieren.

Zubereitungszeit: 10 Minuten / Nährwert: ca. 400 kcal (1680 kJ)

Rindfleischsalat „Texas“

1 rote Paprikaschote, 1 kleine Zwiebel, Salz, 1 TL Essig,
1 Prise Zucker, 75 g Rindfleisch (gekocht oder Bratenreste),
1 Tomate, 75 g Maiskörner (aus der Dose), 1 EL Öl, 1 EL Kräuteressig,
1 EL Tomatenketchup, frisch gemahlener Pfeffer,
je 1 Msp. Paprikapulver (edelsüß) und Chilipulver

1 Die Paprikaschote waschen und halbieren. Stielansatz, Kerne und weiße Häutchen entfernen und das Fruchtfleisch in feine Streifen schneiden. Die Zwiebel schälen und in dünne Ringe schneiden. Das Gemüse in kochendes Salzwasser geben, Essig und Zucker zufügen und 5 Minuten köcheln, dann abtropfen lassen.

2 Das Rindfleisch in Streifen schneiden. Die Tomate waschen, halbieren, vom Stielansatz befreien und würfeln. Den Mais abtropfen lassen. Alle Salatzutaten in einer Schüssel mischen.

3 Eine Sauce bereiten aus Öl, Essig, Ketchup, Salz, Pfeffer, Paprikapulver und Chilipulver. Zusammen mit dem Salat vermischen, eventuell nochmals abschmecken.

Zubereitungszeit: 15 Minuten / Nährwert: ca. 300 kcal (1260 kJ)

Pikanter Nudelsalat

50 g Hörnchennudeln, ½ Apfel, 1 Essiggurke,
1 EL Silberzwiebeln, 50 g gekochter Schinken (ohne Fettrand),
1 EL saure Sahne, 1 TL Tomatenmark, 2 EL Kräuteressig, Salz,
1 EL gehackte gemischte Kräuter (z.B. Basilikum, Petersilie, Dill),
1 Msp. Chilipulver

1 Die Nudeln nach Packungsvorschrift bissfest garen. Dann abgießen, mit kaltem Wasser abschrecken und gut abtropfen lassen.

2 Inzwischen den Apfel waschen, schälen, entkernen und würfeln. Die Essiggurke der Länge nach halbieren und in Scheibchen schneiden. Die Silberzwiebeln abtropfen lassen. Den Schinken in Streifen schneiden.

3 Eine Sauce bereiten aus saurer Sahne, Tomatenmark, Essig, Salz und Kräutern. Die Nudeln mit den Apfelstückchen, den Gurkenscheiben, den Silberzwiebeln und den Schinkenstreifen in eine Schüssel geben und zusammen mit der Salatsauce vermischen. Den Salat etwas durchziehen lassen. Mit Chilipulver bestreut servieren.

Zubereitungszeit: 20 Minuten / Nährwert: ca. 350 kcal (1470 kJ)

Pikanter Nudelsalat

Kleines Brot-ABC

Brot passt hervorragend zu fast allen Salaten. Doch Brot ist nicht gleich Brot, nicht nur im Hinblick auf Rohstoffe und Geschmack. Auch der Energiegehalt der verschiedenen Sorten unterscheidet sich wesentlich. Anhand der folgenden Tabelle können Sie sich Ihr Lieblingsbrot aussuchen. Vergessen Sie nicht, die Kalorien zu denen des Salats dazuzurechnen!

Brotsorten	**kcal**	**kJ**
Roggenbrot	100	420
Roggenmischbrot	100	420
Vollkornbrot, Roggen	95	399
Roggenbrötchen	100	420
Weizenmischbrot	105	441
Vollkornbrot, Weizen	95	399
Weizenbrötchen	115	483
Weizentoast	80	336
Vollkorntoast	70	294
Weißbrot	100	420
Knäckebrot	30	126
Mehrkornbrot	95	399
Pumpernickel	80	336
Leinsamenbrot	110	462
Sonnenblumenbrot	95	399
Laugenbrezel	150	630
Kümmel-, Salzstange	190	798

(Nährwertangaben pro Scheibe oder Stück)

Salatplatte mit Champignons

100 g gemischte Blattsalate (z.B. Feldsalat, Rucola, Radicchio, Friséesalat), 5 Blätter Basilikum, 3 große Champignons, 1 kleine Frühlingszwiebel, 1 TL Balsamessig, 1 EL Zitronensaft, 1 EL Öl, frisch gemahlener Pfeffer, Salz, 1 Scheibe Vollkorntoast

1 Die Salate waschen, trockenschütteln und in mundgerechte Stücke teilen. Die Basilikumblätter waschen und fein schneiden. Die Champignons putzen, waschen und in feine Scheiben schneiden. Die Frühlingszwiebel putzen, waschen und in feine Ringe schneiden. Die Zutaten miteinander vermischen.

2 Essig, Zitronensaft, Öl, Pfeffer und Salz verrühren und über den Salat verteilen. Das Brot toasten, würfeln und darüber streuen.

Zubereitungszeit: 15 Minuten / Nährwert: ca. 200 kcal (840 kJ)

Kressesalat mit Ei

½ Bund Brunnenkresse, 5 Radieschen, Brotwürfel von 1 Scheibe Weizentoast, 1 EL Crème fraîche, 1 TL Zitronensaft, Salz, Pfeffer, 1 hart gekochtes Ei, 1 TL fein gehackte Schnittlauchröllchen

1 Die Brunnenkresse verlesen, waschen und abtropfen lassen. Die Radieschen putzen, waschen und in feine Scheibchen schneiden. Kresse, Radieschen und Brotwürfel mischen.

2 Für die Sauce Crème fraîche und Zitronensaft verrühren, mit Salz und Pfeffer würzen. Das Ei schälen und fein hacken. Zusammen mit den Schnittlauchröllchen unter die Sauce mischen. Die Sauce über den Salat geben.

Zubereitungszeit: 10 Minuten / Nährwert: ca. 250 kcal (1050 kJ)

Sprossensalat

1 große Tomate, 1 Stück Salatgurke (ca. 50 g),
30 g Keimlinge (z.B. Kresse, Mungobohnen, Soja, Alfalfa),
1 Spritzer Zitronensaft, ½ Becher Jogurt (1,5 % Fett),
1 Prise Salz, 1 Spritzer Süßstoff (flüssig),
1 TL Sonnenblumenöl

1 Die Tomate waschen, den Stielansatz entfernen, das Fruchtfleisch in Scheiben schneiden. Die Gurke schälen und ebenfalls in feine Scheiben schneiden. Tomaten und Gurkenscheiben abwechselnd auf einem Teller anrichten. Die Keimlinge unter fließendem kaltem Wasser abbrausen, abtropfen lassen und darüber verteilen.

2 Aus Zitronensaft, Jogurt, Salz, Süßstoff und Öl eine Marinade bereiten und über den Salat gießen.

Zubereitungszeit: 10 Minuten / Nährwert: ca. 150 kcal (630 kJ)

Feldsalat mit Austernpilzen

50 g Feldsalat, 2 EL Olivenöl, 1 EL Weißweinessig, Salz,
Pfeffer, ½ Zwiebel, 200 g Austernpilze

1 Feldsalat verlesen, waschen und trockenschütteln. Eine Marinade bereiten aus 1 Esslöffel Öl, Essig, Salz und Pfeffer. Zusammen mit dem Salat vermischen.

2 Die Zwiebel schälen, fein hacken und in 1 Esslöffel Öl glasig dünsten. Die Austernpilze putzen, waschen und trockentupfen, dann zu den Zwiebeln geben und kurz bei großer Hitze anbraten. Zusammen mit dem Salat servieren.

Zubereitungszeit: 15 Minuten / Nährwert: ca. 200 kcal (840 kJ)

Schikoree-Salat

125 g Schikoree, 1 Orange, ½ Apfel, 1 EL gehackte Haselnüsse,
½ Becher Jogurt (1,5 % Fett), Saft von ½ Zitrone,
½ TL Senf (mittelscharf), je 1 Prise Salz und Pfeffer,
1 Spritzer Süßstoff (flüssig)

1 Schikoree putzen, waschen und in feine Streifen schneiden. Die Orange halbieren, eine Hälfte auspressen und den Saft für die Marinade beiseite stellen. Die andere Hälfte schälen, das Fruchtfleisch in kleine Stücke schneiden.

2 Den Apfel waschen, schälen, vierteln, das Kerngehäuse entfernen und die Viertel in feine Blättchen schneiden.

3 Schikoree, Orangen- und Apfelstückchen zusammen mit den gehackten Haselnüssen vermischen.

4 Eine Marinade bereiten aus Jogurt, Orangen- und Zitronensaft, Senf, Salz, Pfeffer und Süßstoff. Die Sauce über den Salat geben, alles gut vermischen.

Zubereitungszeit: 15 Minuten / Nährwert: ca. 150 kcal (630 kJ)

Tipp

Die Bitterstoffe des Schikorees sitzen vor allem im Strunk. Wer einen empfindlichen Gaumen hat, sollte ihn daher keilförmig herausschneiden.

Käse-Sellerie-Salat

1 Stange Staudensellerie, 4 Radieschen, 3 gefüllte grüne Oliven, 50 g blaue Weintrauben, 50 g junger Gouda (40 % F.i.Tr.), 2 EL Weißweinessig, 1 Msp. Senf (scharf), je 1 Prise Salz und frisch gemahlener Pfeffer, 1 EL Öl, 1 EL gemischte gehackte Kräuter (z.B. Petersilie, Schnittlauch, Basilikum)

1 Den Sellerie und die Radieschen gründlich waschen und putzen, die Oliven abtropfen lassen. Das Gemüse in dünne Scheiben schneiden.

2 Die Weintrauben waschen, halbieren und entkernen. Den Käse in schmale Streifen schneiden. Alle Zutaten in einer Schüssel locker mischen.

3 Eine Salatsauce bereiten aus Essig, Senf, Salz, Pfeffer und Öl. Die Sauce über den Salat gießen. 10 Minuten zugedeckt durchziehen lassen. Mit den Kräutern bestreut servieren.

Zubereitungszeit: 25 Minuten / Nährwert: ca. 350 kcal (1470 kJ)

Gesundheitssalat

1 kleine Karotte, 1 kleiner, säuerlicher Apfel, Saft von ½ Zitrone, 1 TL Sultaninen, 1 Orange, 50 g Sellerieknolle, 1 Spritzer Süßstoff (flüssig), 1 TL gehackte Pistazien

1 Die Karotte waschen, schälen und fein raspeln. Den Apfel schälen, vierteln, das Kerngehäuse entfernen und die Apfelviertel in feine Blättchen schneiden. Den Apfel mit dem Zitronensaft beträufeln.

2 Die Sultaninen waschen und abtropfen lassen. Die Orange schälen, das Fruchtfleisch in kleine Stücke schneiden und dabei die Kerne entfernen. Das Selleriestück waschen, abtrocknen, dick abschälen und in sehr feine Streifen schneiden oder raspeln.

3 Alle Zutaten, bis auf die Pistazien, vermischen und mit einem Spritzer Süßstoff süßen. Den Salat 10 Minuten ziehen lassen, dann mit den gehackten Pistazien bestreut servieren.

Zubereitungszeit: 30 Minuten / Nährwert: ca. 200 kcal (840 kJ)

Käse-Sellerie-Salat

Salate als Beilage

Sie finden in diesem Buch viele Rezepte für Hauptgerichte, zu denen ein Salat als Beilage wunderbar passt oder die aufgrund ihrer Kalorienmenge einfach keine gehaltvollere Beilage mehr erlauben. Mithilfe dieser Liste können Sie einen Salat Ihrer Wahl mit einem Dressing nach Ihrem Geschmack kombinieren. Die Rezepte für die Dressings finden Sie auf den Seiten 60 und 61, die Zubereitungszeit beträgt jeweils etwa 5 bis 10 Minuten.

Salat	**kcal**	**kJ**
Bohnen, grün (gekocht)	32	134
Brunnenkresse	18	75
Chinakohl	12	50
Endivien	10	42
Eisbergsalat	13	54
Feldsalat	14	58
Gartenkresse	33	138
Kopfsalat	12	50
Möhren (Karotten)	28	117
Paprikaschoten	20	84
Radieschen	14	58
Rettich	14	58
Rote Bete	41	172
Salatgurke	12	50
Tomaten	17	71

Zum Würzen:	kcal	kJ
Frühlingszwiebel	23	96
Knoblauch	139	583
Petersilie (Blätter)	50	210
Schnittlauch	27	113
Zwiebel	28	117

(je 100 g verzehrbarer Anteil, wenn nicht anders angegeben, roh)

Bunte Rohkost mit Currysauce

5 Radieschen, 1 Karotte, 1 Stück Kohlrabi (ca. 50 g),
½ Stange Staudensellerie, ½ Schalotte, 50 g Magerquark,
1 Spritzer Zitronensaft, 1 TL Sonnenblumenöl,
1 TL Currypulver, Salz, frisch gemahlener Pfeffer

1 Die Radieschen waschen und in dünne Scheiben schneiden. Die Karotte und den Kohlrabi waschen, schälen und raspeln.

2 Den Staudensellerie waschen, putzen und in feine Ringe schneiden. Alle Zutaten mischen und auf einen Teller geben.

3 Die Schalotte schälen, sehr fein hacken und mit dem Quark, Zitronensaft und Öl verrühren.

4 Das Currypulver unter die Sauce mischen, mit Salz und Pfeffer abschmecken. Die Sauce über die Rohkost gießen.

Zubereitungszeit: 15 Minuten / Nährwert: ca. 150 kcal (630 kJ)

Dressings

Kräuterdressing

1 Esslöffel Öl, 2 Esslöffel Kräuteressig, Salz, frisch gemahlenen Pfeffer und 1 Teelöffel fein gehackte Kräuter verrühren.

Nährwert: ca. 100 kcal (420 kJ)

Jogurtdressing

2 Esslöffel Jogurt (1,5 % Fett), 1 Esslöffel Zitronensaft, 1 Esslöffel Maiskeimöl, 1 kleine zerdrückte Knoblauchzehe, Salz, weißen Pfeffer und 1 Teelöffel fein gehackte Schnittlauchröllchen vermischen.

Nährwert: ca. 120 kcal (504 kJ)

Italienisches Dressing

1 Messerspitze Senf (mittelscharf), 1 Esslöffel Weißweinessig, 1 Esslöffel Aceto Balsamico, Salz, frisch gemahlenen Pfeffer, 1 Esslöffel Olivenöl und 1 Teelöffel fein gehacktes Basilikum vermischen.

Nährwert: ca. 110 kcal (462 kJ)

Französisches Dressing

1 Messerspitze Senf (mittelscharf), 1 Esslöffel Weißweinessig, 1 Esslöffel Weißwein, Salz, frisch gemahlenen Pfeffer, 1 Esslöffel Olivenöl und 1 Teelöffel fein gehackten Kerbel vermischen.

Nährwert: ca. 110 kcal (462 kJ)

Rotes Dressing

2 Esslöffel Magerquark, 1 Esslöffel Milch (1,5 % Fett), 1 Esslöffel Rote-Bete-Saft, Salz, weißen Pfeffer und ½ Teelöffel fein gehackten Estragon vermischen.

Nährwert: ca. 50 kcal (210 kJ)

Fruchtdressing

(geeignet für Chinakohl oder Karotten)
2 Esslöffel Jogurt (1,5 % Fett), 2 Esslöffel Orangensaft (frisch gepresst), 1 Esslöffel Zitronensaft, Salz und frisch gemahlenen Pfeffer verrühren.

Nährwert: ca. 35 kcal (147 kJ)

Meerrettichdressing

(geeignet für Rote Bete, Karotten oder Rettich)
2 Esslöffel saure Sahne, 1 Teelöffel geriebenen Meerrettich (aus dem Glas), 1 Esslöffel Orangensaft (frisch gepresst), Salz und frisch gemahlenen Pfeffer verrühren.

Nährwert: ca. 70 kcal (294 kJ)

Fleischgerichte

Das Angebot an Fleisch ist reichhaltig – so können wir z.B. zwischen Geflügel, Wild, Lamm, Hammel, Schweine-, Kalb- und Rindfleisch wählen. Wer abnehmen möchte, muss sorgfältig auswählen und auf bestimmte Wurstsorten oder fettes Fleisch verzichten. Bevorzugen Sie kalorienarme Sorten, die Tabelle auf Seite 78 informiert Sie über Schweinefleisch.

Chinesisches Hühnerragout

100 g Hühnerfleisch (ohne Haut und Knochen),
1 TL Speisestärke, 1 kleine Knoblauchzehe, 2 Frühlingszwiebeln,
1/4 Stange Lauch, 50 g frische Sojasprossen, 1 EL Olivenöl,
1 Msp. gemahlener Ingwer, 1 cl Sherry (trocken), 1 EL Sojasauce,
Salz, frisch gemahlener Pfeffer

1 Das Hühnerfleisch in dünne Streifen schneiden und mit Speisestärke einreiben. Die Knoblauchzehe schälen und sehr fein hacken. Die Frühlingszwiebeln und den Lauch waschen, putzen und in feine Ringe schneiden. Die Sojasprossen abbrausen.

2 Das Öl in einer Pfanne erhitzen. Das Hühnerfleisch darin von allen Seiten anbraten, dann herausnehmen. Knoblauch, Frühlingszwiebeln, Lauch, Sojasprossen und Ingwer in das verbliebene Fett geben und unter Rühren 10 Minuten dünsten. Sherry und Sojasauce zugeben, das Gemüse einmal aufkochen lassen, mit Salz und Pfeffer würzen und die Fleischstreifen unterrühren. Nochmals kurz erhitzen.

Dazu passt: Reis

Zubereitungszeit: 30 Minuten / Nährwert: ca. 300 kcal (1260 kJ)

Putengeschnetzeltes mit Weintrauben

150 g Putenbrustfilet, Salz, frisch gemahlener Pfeffer, 3 zerdrückte Wacholderbeeren, 60 g Mischpilze (frisch oder aus der Dose), 100 g blaue Weintrauben, 1 Schalotte, 1 EL Öl, 1 TL Pinienkerne, 2 cl Weißwein (trocken), 1 EL saure Sahne, 1 Spritzer Zitronensaft, 1 EL gehackte Petersilie

1 Das Fleisch in mundgerechte Stücke schneiden, mit Salz, Pfeffer und den zerdrückten Wacholderbeeren würzen. Frische Mischpilze putzen und grob zerteilen beziehungsweise Mischpilze aus der Dose gut abtropfen lassen. Die Weintrauben waschen, halbieren und entkernen. Die Schalotte schälen und fein hacken.

2 Das Öl in einer großen Pfanne erhitzen. Die Schalotte darin glasig werden lassen, dann das Putenfleisch und die Pinienkerne unter ständigem Rühren 3 Minuten braten. Schließlich die Pilze zugeben, zuletzt die Weintrauben unterrühren.

3 Das Geschnetzelte mit Wein ablöschen, die saure Sahne einrühren. Bei starker Hitze 1 Minute einkochen lassen. Mit Salz, Pfeffer und Zitronensaft abschmecken, mit fein gehackter Petersilie bestreut servieren.

Dazu passt: Kartoffelpüree

Zubereitungszeit: 30 Minuten / Nährwert: ca. 400 kcal (1680 kJ)

Tipp

Eine ganz andere Geschmacksnote erhält dieses Gericht, wenn Sie statt der Wacholderbeeren etwas frisch gehackten Thymian und Zitronenmelisse dazugeben.

Truthahncurry mit Mango

1 Truthahnschnitzel (ca. 100 g), ½ Mango,
2 Frühlingszwiebeln, 1 EL Sojaöl, 1 EL Kokoscreme
(in asiatischen Geschäften erhältlich), 1 TL Currypulver,
3 TL Wasser, frisch gemahlener Pfeffer, Salz, 50 g gekochter Reis,
2 EL Sahne, ½ TL Speisestärke

1 Das Truthahnfleisch schnetzeln. Die Mango schälen, das Fruchtfleisch in Stücke schneiden. Die Frühlingszwiebeln waschen, putzen und in Ringe schneiden.

2 Das Öl in einer großen Pfanne erhitzen. Das Fleisch darin von allen Seiten anbraten.

3 Die Frühlingszwiebeln und die Kokoscreme dazugeben und unter ständigem Rühren 5 Minuten dünsten.

4 Das Currypulver untermischen und etwas anschwitzen lassen, dann das Wasser dazugeben. Mit Pfeffer und Salz abschmecken, den Reis untermischen und alles zugedeckt 5 Minuten garen.

5 Sahne und Stärke vermischen und unter die Fleischmischung rühren. Aufkochen lassen, die Mangostücke unterheben und kurz erhitzen. Nochmals mit Curry und Salz abschmecken.

Zubereitungszeit: 25 Minuten / Nährwert: ca. 450 kcal (1890 kJ)

Putentopf mit Sojasprossen

1 Putenschnitzel (ca. 100 g), 1 kleine Zwiebel,
100 g Sojasprossen, 1 Stange Staudensellerie,
1 EL Öl, Salz, frisch gemahlener Pfeffer, Saft von ¼ Zitrone,
50 g gekochter Reis

1 Das Fleisch schnetzeln, die Zwiebel schälen und fein hacken. Die Sojasprossen unter fließendem Wasser abbrausen. Den Staudensellerie waschen und in dünne Ringe schneiden.

2 Das Öl in einer großen Pfanne erhitzen, die Zwiebel darin andünsten. Dann das Fleisch anbraten. Mit Salz, Pfeffer und Zitronensaft würzen. Die Sojasprossen und den klein geschnittenen Staudensellerie dazugeben.

3 Alles unter häufigem Umrühren etwa 5 Minuten schmoren lassen, dann den Reis dazugeben und weitere 3 Minuten erhitzen.

Zubereitungszeit: 25 Minuten / Nährwert: ca. 350 kcal (1470 kJ)

Tipp

Sojasprossen sind sehr gesund und haben nur wenig Kalorien. Man kann sie mühelos in einem Keimgerät (aus Drogerie oder Reformhaus) selbst ziehen.

Zitronenschnitzel mit Artischocken

3 kleine junge Artischocken, ½ Zitrone (unbehandelt), Salz, 2 Frühlingszwiebeln, 1 dünnes Kalbsschnitzel (ca. 100 g), frisch gemahlener Pfeffer, 1 EL Olivenöl, 1 gestr. TL Margarine, Zitronenscheiben zum Garnieren

1 Die Artischocken waschen, die Stiele herausbrechen, etwa die Hälfte der äußeren Blätter abziehen, bis der Rest hellgelb und weich ist. Die obere Hälfte der Knospe abschneiden und alle Schnittflächen sofort mit der halben Zitrone abreiben.

2 Danach die Zitrone auspressen und die Artischockenherzen zusammen mit der Hälfte des Zitronensafts in etwas Salzwasser in etwa 15 Minuten gar kochen, herausheben und warm stellen.

3 In der Zwischenzeit die Frühlingszwiebeln putzen und in Ringe schneiden. In etwas Salzwasser 3 Minuten dünsten, abtropfen lassen und ebenfalls warm halten.

4 Das Schnitzel leicht klopfen, salzen und pfeffern. Das Öl in einer Pfanne erhitzen, das Schnitzel darin von jeder Seite gut 1 Minute braten.

5 Die Margarine und den restlichen Zitronensaft in die Pfanne geben. Das Schnitzel noch einmal in der Sauce wenden und 3 Minuten ziehen lassen.

6 Das Schnitzel auf einen vorgewärmten Teller legen, die Sauce darüber verteilen. Mit dem Gemüse anrichten und mit Zitronenscheiben garnieren.

Zubereitungszeit: 25 Minuten / Nährwert: ca. 250 kcal (1050 kJ)

Saltimbocca

2 dünne Kalbsschnitzel von je 70 g, frisch gemahlener Pfeffer, 4 Blätter Salbei, 1 dünne Scheibe Parmaschinken, 1 gestr. TL Mehl, 2 gestr. TL Margarine, 3 cl Weißwein (trocken)

1 Die Schnitzel mit kaltem Wasser abbrausen, trockentupfen und mit dem Handballen flach drücken. Mit Pfeffer bestreuen. Den Salbei waschen, trockentupfen und jeweils 2 Blätter auf die Fleischscheiben legen. Die Schinkenscheibe halbieren und auf jedes Schnitzel eine Scheibe legen. Jedes belegte Schnitzel zusammenklappen, mit einem Holzspießchen feststecken und mit Mehl bestäuben.

2 Die Margarine in einer Pfanne erhitzen. Die Schnitzel darin von jeder Seite in 4 Minuten goldbraun braten, dann auf einen vorgewärmten Teller geben. Den Bratenfond mit Weißwein ablöschen, kurz aufkochen lassen. Die Sauce auf das Fleisch geben. Sofort servieren.

Dazu passen: Weißbrot und Tomatensalat

Zubereitungszeit: 20 Minuten / Nährwert: ca. 300 kcal (1260 kJ)

Kalbfleischtopf

75 g Erbsen (TK), 2 EL Maiskörner aus der Dose, 1 Stück Salatgurke (ca. 75 g), 125 g mageres Kalbfleisch, 1 Prise Selleriesalz, frisch gemahlener Pfeffer, 1 gestr. TL Margarine, 1 gestr. TL Mehl, 1/4 Bouillonwürfel, 100 ml heißes Wasser

1 Die Erbsen auftauen und den Mais abtropfen lassen. Die Gurke gut waschen und ungeschält in dünne Scheiben schneiden.

2 Das Fleisch in Würfel schneiden, diese mit Selleriesalz und Pfeffer bestreuen.

3 In einem Topf die Margarine erhitzen, die Fleischwürfel darin 5 Minuten anbraten. Das Mehl darüber stäuben und weitere 2 Minuten mitrösten.

4 Den Bouillonwürfel in heißem Wasser auflösen, zum Fleisch gießen. Das Gemüse zugeben. Den Kalbfleischtopf bei mittlerer Hitze weitere 5 Minuten garen lassen.

Dazu passen: Salzkartoffeln

Zubereitungszeit: 25 Minuten / Nährwert: ca. 300 kcal (1260 kJ)

Kalbfleischtopf

Leber-Risotto

1 kleine Zwiebel, 100 g Kalbsleber, ½ Apfel,
2 TL Mehl, 1 EL Öl, je 1 Prise Salz und Zucker, 50 g gekochter Reis

1 Die Zwiebel schälen und fein hacken. Die Leber enthäuten, kalt abspülen, trockentupfen und in Würfel schneiden. Den halben Apfel schälen, vom Kerngehäuse befreien und ebenfalls würfeln.

2 Die Leberwürfel im Mehl wenden. Das Öl in einer Pfanne erhitzen, das Salz zufügen und die Leber zusammen mit den Zwiebeln darin 3 Minuten unter ständigem Wenden rösten. Die Apfelwürfel zugeben und andünsten.

3 Zucker und Reis locker unterheben und das Risotto noch 3 Minuten bei kleiner Hitze ziehen lassen.

Zubereitungszeit: 25 Minuten / Nährwert: ca. 350 kcal (1470 kJ)

Pepperpot

100 g Kalbfleisch (aus der Schulter),
1 Prise Salz, ½ TL Paprikapulver, ½ Zwiebel,
½ rote Paprikaschote, 1 kleines Stück Salatgurke (ca. 50 g),
1 kleines Stück Fenchelknolle (ca. 50 g), 1 EL Öl, 1 TL Tomatenmark,
½ TL Fleischbouillon (Pulver),
2 EL Buttermilch, frisch gemahlener Pfeffer

1 Das Fleisch in Streifen schneiden, mit Salz und Paprikapulver einreiben. Die Zwiebel schälen und in feine Ringe schneiden. Die Paprikaschote waschen, die Kerne und die weißen Häutchen entfernen, in dünne Streifen schneiden. Die Gurke schälen und würfeln, den Fenchel waschen und in dünne Scheibchen schneiden.

2 Das Öl in einer Pfanne erhitzen, Fleisch und Zwiebelringe darin 5 Minuten braten. Dann das Gemüse untermischen. Das Tomatenmark mit 2 Esslöffeln warmem Wasser, Fleischbouillon und Buttermilch verrühren und über den Pepperpot gießen. Zugedeckt 15 Minuten köcheln lassen, dann mit Salz und Pfeffer abschmecken.

Dazu passt: frisches Roggenbrot

Zubereitungszeit: 30 Minuten / Nährwert: ca. 250 kcal (1050 kJ)

Paprikageschnetzeltes

1 Kalbsschnitzel (ca. 125 g), 1 kleine Zwiebel, 1 EL Olivenöl, Salz, frisch gemahlener Pfeffer, Paprikapulver (edelsüß), je 1/2 rote und gelbe Paprikaschote, 1/2 Banane, 2 EL fein gehackte Petersilie

1 Das Kalbsschnitzel in Streifen schneiden. Die Zwiebel schälen und in Ringe schneiden. Das Öl in einer Pfanne erhitzen, die Zwiebelringe darin andünsten. Die Fleischstreifen dazugeben und von allen Seiten bei starker Hitze kräftig anbraten. Dann mit Salz, Pfeffer und Paprikapulver würzen und die Hitze reduzieren.

2 Die Paprikaschoten waschen, vierteln und den Stielansatz, die Kerne sowie die weißen Häutchen entfernen. Die Viertel in feine Streifen schneiden und in die Pfanne geben. Die Paprika-Fleisch-Mischung zugedeckt 5 Minuten köcheln lassen.

3 Die Banane schälen, in Scheiben schneiden und unter das Paprikageschnetzelte mischen. Kurz erhitzen, dann mit fein gehackter Petersilie bestreut servieren.

Dazu passt: Reis

Zubereitungszeit: 30 Minuten / Nährwert: ca. 300 kcal (1260 kJ)

Hackfleischpfanne mit Polenta-Plätzchen

Für die Hackfleischpfanne: ½ Zwiebel, 1 TL Öl,
50 g Hackfleisch (Rind), ½ Stange Staudensellerie, 1 EL saure Sahne, Salz,
frisch gemahlener Pfeffer, 1 EL Schnittlauchröllchen
Für die Plätzchen: 75 ml Wasser, 30 g Polenta (Maismehl),
1 TL Weizenmehl, 1 Msp. Koriander, 1 Prise Salz,
½ TL Margarine, 1 EL Öl

1 Das Wasser für die Polenta-Plätzchen in einen Topf geben, Maismehl, Weizenmehl, Koriander und Salz einrühren. Die Mischung unter Rühren zum Kochen bringen und einmal kurz aufkochen lassen, dann den Herd ausschalten, die Margarine einrühren und den Brei 15 Minuten ausquellen lassen.

2 In der Zwischenzeit die Zwiebel schälen und fein hacken. Das Öl in einer Pfanne erhitzen, die Zwiebel und das Hackfleisch darin etwas anbraten.

3 Den Staudensellerie waschen und putzen, in feine Ringe schneiden und mit in die Pfanne geben. Mit saurer Sahne, Salz und Pfeffer würzen. Das Ganze 5 Minuten bei schwacher Hitze köcheln lassen.

4 In einer zweiten Pfanne Öl erhitzen, vom Maisbrei jeweils einen Esslöffel entnehmen, ins heiße Fett geben und zu einem Fladen flach drücken. Die Plätzchen auf jeder Seite in 2 bis 3 Minuten knusprig braten.

5 Die Plätzchen auf einen vorgewärmten Teller geben, die Hackfleisch-Sellerie-Mischung darauf verteilen und mit feinen Schnittlauchröllchen bestreuen.

Dazu passt: gemischter Salat

Zubereitungszeit: 30 Minuten / Nährwert: ca. 400 kcal (1680 kJ)

Rinderfilet im Maisbett

100 g Rinderfilet, 1 TL Olivenöl, frisch gemahlener Pfeffer, Salz, ½ Dose Mais (ca. 150 g), ½ TL Kräuter der Provence, 1 TL Crème fraîche, 1 cl Weißwein (trocken)

1 Das Rinderfilet mit Öl und Pfeffer einreiben und in einer Pfanne von jeder Seite 3 Minuten braten. Dann das Fleisch herausnehmen, salzen und warm stellen.

2 Den Mais im Bratensatz 5 Minuten dünsten. Die Kräuter der Provence, Crème fraîche und Weißwein unterrühren. Das Gemüse auf einen vorgewärmten Teller geben, das Steak darauf legen.

Zubereitungszeit: 15 Minuten / Nährwert: ca. 350 kcal (1470 kJ)

Hackfleischpfanne mit Polenta-Plätzchen

Beilagen zu Fleisch- und Fischgerichten

Beilagen	**kcal**	**kJ**
Salz-, Pellkartoffeln (1 Portion, 150 g)	100	420
Kartoffelpüree (1 Portion, 150 g)	110	462
Kartoffelpuffer (1 Stück, 50 g)	100	420
Kartoffelsalat mit Essig und Öl (1 Portion, 200 g)	170	714
Bratkartoffeln (1 Portion, 200 g Kartoffeln, 10 g Fett)	300	1260
Kroketten (1 Stück, 40 g)	70	294
Pommes frites (1 Portion, 150 g)	320	1344
Kartoffelknödel (1 Stück, 75 g)	80	336
Semmelknödel (1 Stück, 75 g)	90	378
Reis (1 Portion, 50 g Trockengewicht)	175	735
Nudeln (1 Portion, 50 g Trockengewicht)	180	756
Polenta (1 Portion, 150 g)	200	840
Gemüse		
Artischocke	56	233
Blumenkohl	22	92
Bohnen, grün	32	134
Brokkoli	26	109
Erbsen, grün	70	294
Fenchel	24	100
Karotten (Möhren)	28	117
Kartoffeln	70	294
Knollensellerie	18	75
Kohlrabi	24	100
Kürbis	26	109
Lauch (Porree)	25	105
Mangold	14	58
Rosenkohl	36	151

Beilagen zu Fleisch- und Fischgerichten

Gemüse	kcal	kJ
Rotkohl	21	88
Schikoree	11	48
Schwarzwurzel	15	62
Spargel	13	52
Spinat	15	63
Tomaten	20	83
Weißkohl	24	100
Wirsing	25	105
Zucchini	19	79

(je 100 g verzehrbarer Anteil)

1 Portion gedünstetes Gemüse aus 200 g Gemüse (geputzt gewogen, z.B. Spinat, Lauch, Wirsing, Karotten ...), 1 gestr. TL Margarine, 75 bis 100 ml klarer Gemüsebrühe, Kräutern und Gewürzen:
40 kcal (168 kJ) für die Zubereitung plus 15 bis 60 kcal (63 bis 252 kJ) für das Gemüse, je nach Sorte.

Chili con carne

1 kleine Zwiebel, 1 kleine Knoblauchzehe, 1 EL Öl,
½ grüne Paprikaschote, 75 g Hackfleisch (Rind),
1 EL Tomatenmark, 100 g Kidneybohnen (aus der Dose),
50 g Tomaten (aus der Dose), 1 kleine Chilischote,
½ TL Chilipulver, je 1 Prise Salz und Zucker

1 Die Zwiebel und Knoblauchzehe schälen und fein hacken. Das Öl in einer Pfanne erhitzen, Zwiebel und Knoblauch darin glasig dünsten.

2 Die Paprikaschote von Stielansatz, Kernen und weißen Häutchen befreien und würfeln. Zusammen mit dem Hackfleisch und dem Tomatenmark zu der Zwiebel-Knoblauch-Mischung geben und 5 Minuten braten lassen. Dabei gelegentlich umrühren.

3 Inzwischen die Bohnen abtropfen lassen. Die Tomaten etwas zerkleinern, die Chilischote sehr fein hacken. Alles zu der Hackfleischmischung in die Pfanne geben. Mit Chilipulver, Salz und Zucker würzen.

4 Das Chili con carne aufkochen, dann in 15 Minuten gar kochen lassen. Eventuell nochmals mit Chilipulver abschmecken.

Dazu passt: Bauernbrot

Zubereitungszeit: 30 Minuten / Nährwert: ca. 350 kcal (1470 kJ)

Tipp

Chili con carne mit Brot ist die klassische Kombination. Aber probieren Sie doch einmal Chili mit Polenta-Plätzchen (Seite 72) eine köstliche, wenn auch etwas kalorienreichere Variante!

Tatarbällchen auf Lauch

Für das Gemüse: ½ Stange Lauch (Porree), 1 TL Margarine,
1 Spritzer Zitronensaft, Salz, frisch gemahlener Pfeffer,
1 TL Crème fraîche
Für die Tatarbällchen: 1 kleine Karotte, 100 g Tatar, Salz,
frisch gemahlener Pfeffer, Selleriesalz, 1 EL Öl

1 Den Lauch putzen, waschen und in feine Ringe schneiden. Die Margarine in einem kleinen Topf erhitzen und die Lauchringe darin andünsten. Mit Zitronensaft, Salz und Pfeffer würzen und etwa 5 Minuten dünsten.

2 Die Crème fraîche unterrühren und nochmals abschmecken. Bei sehr schwacher Hitze 15 Minuten weiterköcheln lassen.

3 Inzwischen die Karotte waschen, schälen und raspeln, dann mit dem Tatar verkneten. Mit Salz, Pfeffer und etwas Selleriesalz würzen. Aus der Masse 2 Kugeln formen und flach drücken.

4 Das Öl in einer beschichteten Pfanne erhitzen. Die Tatarbällchen hineingeben und auf beiden Seiten je 4 Minuten braten. Auf dem Lauchgemüse anrichten.

Zubereitungszeit: 30 Minuten / Nährwert: ca. 300 kcal (1260 kJ)

Tipp

Etwas milder im Geschmack wird das Gericht, wenn der Lauch durch Staudensellerie ersetzt wird, oder etwas aromatischer, wenn man stattdessen Fenchel verwendet.

Kalorienbombe Schweinefleisch

Fleisch- und Wurstwaren aus Schweinefleisch sind im Rahmen einer Diät möglichst zu vermeiden, da sie sehr viele Kalorien enthalten. Das zeigt auch die nachfolgende Übersicht. Lediglich gekochter Schinken ohne Fettrand, Bierschinken oder Schweinefilet sind ab und zu in kleinen Mengen „erlaubt".

Fleisch- und Wurstwaren	**kcal**	**kJ**
Bierschinken	169	709
Schinken, gekocht	193	810
Schweinefilet	104	435
im Vergleich dazu:		
Schweinebauch	260	1092
Schulter	270	1134
Keule	275	1155
Rückenspeck	760	3192
Kasseler	237	995
Mettwurst i. D.	390	1638

(Nährwertangaben je 100 g verzehrbarer Anteil)

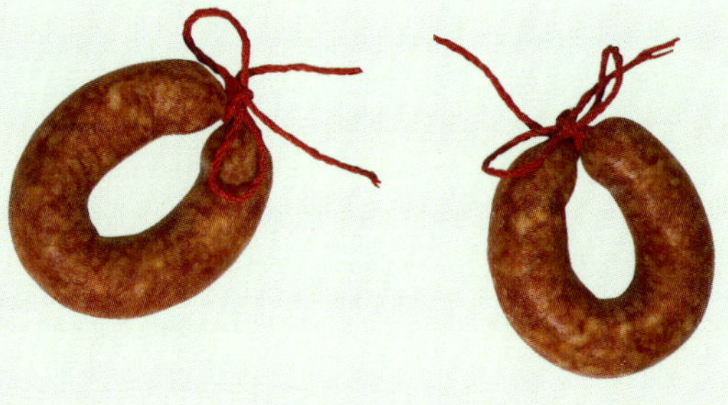

Schweinefilet mit Nudeln

50 g Hörnchennudeln, 75 g Erbsen (TK),
Salz, ½ Schalotte, 100 g Schweinefilet, 1 TL Margarine,
1 Msp. abgeriebene Zitronenschale, 2 EL Fleischbrühe (Instant),
frisch gemahlener Pfeffer, 1 Msp. geriebene Muskatnuss,
½ Bund Petersilie

1 Die Nudeln nach Packungsvorschrift bissfest garen. Die Erbsen in wenig Salzwasser auftauen und weich kochen.

2 Inzwischen die Schalotte schälen und fein hacken. Das Filet in feine Streifen schneiden.

3 Die Margarine in einer großen Pfanne erhitzen, die Schalotte darin andünsten. Die Fleischstreifen darin braten, dann die Zitronenschale zugeben und kurz durchschwenken.

4 Die Nudeln gut abtropfen lassen, ebenso die Erbsen. Beides zum Fleisch geben. Die Fleischbrühe zufügen. Mit Pfeffer und Muskatnuss würzen.

5 Die Petersilie abbrausen, trockenschütteln, fein hacken und darüber streuen.

Dazu passt: Tomatensalat

Zubereitungszeit: 20 Minuten / Nährwert: ca. 350 kcal (1470 kJ)

Tipp

Sie können bei gleich bleibender Kalorienzahl die Nudeln auch einmal gegen dieselbe Menge Reis (Trockengewicht) austauschen und das Gericht zusätzlich mit etwas Currypulver abschmecken.

Lammkotelett mit Kräutersauce

1 Lammkotelett (ca. 120 g), Salz, frisch gemahlener Pfeffer, 1 TL Margarine, 1 Knoblauchzehe, 2 cl Weißwein (trocken), 2 EL Fleischbrühe (Instant), 1 EL fein gehackte gemischte Kräuter (z.B. Rosmarin, Estragon, Kerbel, Basilikum, Petersilie), 1 Spritzer Zitronensaft

1 Das Lammkotelett waschen, trockentupfen, den Fettrand abtrennen und die darunter liegende Haut im Abstand von 2 cm einschneiden. Das Kotelett salzen und pfeffern.

2 Die Margarine in einer Pfanne erhitzen, die Knoblauchzehe schälen und durch eine Presse hineindrücken.

3 Das Kotelett in der Knoblauchmargarine auf jeder Seite etwa 5 Minuten braten, dann herausnehmen und warm stellen.

4 Dem Bratensatz Wein, Fleischbrühe, Kräuter und Zitronensaft zufügen und etwa 10 Minuten kochen lassen. Zum Schluss das Kotelett nochmals kurz in der Sauce erhitzen.

Dazu passen: Salzkartoffeln und grüne Bohnen

Zubereitungszeit: 25 Minuten / Nährwert: ca. 250 kcal (1050 kJ)

Irish Stew (aus dem Schnellkochtopf)

100 g schöne Weißkohlblätter, 1 kleine Kartoffel,
1 kleine Zwiebel, 1 kleine Karotte,
100 g Hammelfleisch (ohne Fett und Knochen), 1 gestr.
EL Margarine, 100 ml Fleischbrühe (Instant),
frisch gemahlener Pfeffer, 1/2 TL Kümmel

1 Die Weißkohlblätter waschen, trockenschütteln und in Streifen schneiden. Die Kartoffel waschen, schälen und würfeln. Die Zwiebel schälen und fein hacken.

2 Die Karotte waschen, schälen und in kleine Würfel schneiden. Das Hammelfleisch waschen, abtrocknen und in mundgerechte Stücke teilen.

3 Die Margarine im offenen Schnellkochtopf erhitzen, das Fleisch darin rundherum gut anbraten. Dann die Zwiebel dazugeben und kurz mitdünsten.

4 Die Weißkohlstreifen, Kartoffel- und Karottenwürfel zufügen, die Fleischbrühe angießen, das Stew mit Pfeffer und Kümmel würzen.

5 Den Topf schließen und das Irish Stew 15 Minuten garen lassen, eventuell nochmals abschmecken.

Dazu passt: Weißbrot

Zubereitungszeit: 30 Minuten / Nährwert: ca. 350 kcal (1470 kJ)

Tipp

Das berühmte Irish Stew hat viele Gesichter. Manchmal werden Fleisch und Gemüse kurz angebraten, dann in Hühnerbrühe gekocht und nur mit Salz, Thymian und Petersilie gewürzt.

Rehsteak im Mandelkleid

1 Scheibe Rehfleisch (aus der Keule, ca. 150 g),
Salz, 1 Msp. gemahlene Muskatnuss, 1 Ei, 2 gestr. TL Weizenmehl,
1 EL gehobelte Mandeln, 1 gestr. EL Margarine,
1 EL Wasser

1 Das Rehsteak leicht flach klopfen, mit Salz und Muskatnuss bestreuen. Das Ei mit einer Gabel in einem flachen Teller verschlagen. Mehl und Mandeln jeweils auf einen flachen Teller geben.

2 Das Steak zuerst im Mehl, dann im Ei und schließlich in den Mandeln wenden, die Kruste dabei gut festklopfen.

3 Die Margarine in einer Pfanne erhitzen, das Fleisch darin auf beiden Seiten jeweils 4 bis 5 Minuten braten, dann das Steak auf einen Teller geben.

4 Dem Bratensatz das Wasser zufügen und ihn über das Rehsteak gießen. Sofort servieren.

Dazu passen: Kartoffelpüree und grüner Salat

Zubereitungszeit: 15 Minuten / Nährwert: ca. 400 kcal (1680 kJ)

Tipp

Wild kann auf verschiedenste Art und Weise zubereitet werden. Generell gilt jedoch: Beschränken Sie sich auf ganz wenige Gewürze, um den feinen Wildgeschmack nicht zu beeinträchtigen.

Fisch und Meeresfrüchte

Fisch hat einen hohen Gehalt an Eiweiß und wertvollen Mineralstoffen. Er ist gesund, leicht verdaulich und kann auch problemlos von denjenigen gegessen werden, die auf ihre schlanke Linie achten wollen. Dank der modernen Kühlmethoden und schnellen Transportmöglichkeiten ist er stets frisch erhältlich.

Kabeljau in Senfsauce

200 g Kabeljau, 2 EL Zitronensaft, Salz,
1 gestr. TL Margarine, 2 gestr. TL Mehl, 120 ml Milch (1,5 % Fett),
Senf (mittelscharf)

1 Den Fisch mit Zitronensaft beträufeln und leicht salzen.

2 Die Margarine in einem Topf zerlassen und das Mehl darin anschwitzen. Die Milch zugießen, die Sauce mit dem Schneebesen kräftig durchrühren und kurz aufkochen lassen. Mit Senf und Salz abschmecken.

3 Den Fisch in die Sauce geben und bei kleiner Hitze zugedeckt 10 bis 15 Minuten gar ziehen lassen.

Dazu passt: Lauchgemüse

Zubereitungszeit: 20 Minuten / Nährwert: ca. 250 kcal (1050 kJ)

Mager- und Fettfische sowie Meeresfrüchte

Fischgeschäfte und Tiefkühltheken in Supermärkten bieten eine große Auswahl an Meeres- und Süßwasserfischen. Auch Scampi & Co. sind beim „Kampf" um die schlanke Linie durchaus erlaubt, denn ihr Kaloriengehalt entspricht in etwa dem der Magerfische.

Fettfische	**kcal**	**kJ**
Aal	281	1180
Lachs	202	848
Hering	193	810
Tunfisch	226	949
Magerfische		
Kabeljau	75	315
Schellfisch	77	323
Seelachs	80	336
Heilbutt	101	424
Hecht	82	344
Forelle	102	428
Meeresfrüchte		
Austern	66	277
Garnelen, Scampi, Shrimps	85	357
Hummer	80	336
Flusskrebs	65	273
Miesmuschel	50	210
Tintenfisch	68	285

(Nährwertangaben je 100 g verzehrbarer Anteil)

Curryfisch exotisch

200 g Schellfisch, 4 EL Zitronensaft, Salz, 2 gestr. TL Margarine, 100 g Suppengemüse (TK), 75 ml Gemüsebrühe (Instant), 1 gestr. TL Currypulver, 1 gestr. EL Mehl, ¼ Banane, 1 EL Sahne

1 Den Fisch mit 2 Esslöffeln Zitronensaft beträufeln und leicht salzen. 1 Teelöffel Margarine in einer großen Pfanne zerlassen, das Suppengemüse im heißen Fett 5 Minuten dünsten.

2 Den Fisch auf das Gemüse setzen, die heiße Gemüsebrühe angießen und den Fisch zugedeckt 15 Minuten dünsten.

3 In der Zwischenzeit die restliche Margarine, Currypulver und Mehl mit einer Gabel zu einem Kloß verkneten.

4 Die Banane schälen, in Scheiben schneiden und sofort mit dem zurückbehaltenen Zitronensaft beträufeln.

5 Den Fisch aus dem Sud nehmen und warm stellen. Den Sud durch ein Sieb gießen, Sahne zufügen und den Curryklоß einrühren.

6 Die Sauce kurz aufkochen lassen. Die Bananenscheiben und den Fisch zugedeckt 2 Minuten in der Sauce ziehen lassen.

Dazu passt: Reis

Zubereitungszeit: 30 Minuten / Nährwert: ca. 350 kcal (1470 kJ)

Seezungenfilet in Pfeffersauce

Öl für die Form, 150 g Seezungenfilet, 2 EL Sahne,
4 EL Jogurt (1,5 % Fett), 5 EL Milch (1,5 % Fett), 1 Prise Salz,
1 TL frischer grüner Pfeffer,
je ½ TL Basilikum und Petersilie (fein gehackt)

1 Eine flache, feuerfeste Form mit Öl auspinseln. Den Fisch in die Form legen. Sahne, Jogurt und Milch zusammen mit Salz, Pfeffer und den Kräutern verrühren und gleichmäßig über den Fisch verteilen.

2 Die Form verschließen. Fisch und Sauce bei mittlerer Hitze zum Köcheln bringen, dann im vorgeheizten Backofen bei kleiner Hitze 5 Minuten ziehen lassen.

Dazu passen: Pellkartoffeln und Gurkensalat

Zubereitungszeit: 15 Minuten / Nährwert: ca. 300 kcal (1260 kJ)

Kabeljaufilet aus der Folie

200 g Kabeljaufilet, Saft von ½ Zitrone, Salz,
1 kleine Zwiebel, 1 Knoblauchzehe, 100 g Salatgurke, 1 TL Kapern,
1 Zweig Dill, 1 TL Senf (mittelscharf),
frisch gemahlener Pfeffer, 1 EL Öl

1 Das Fischfilet waschen, trockentupfen, mit Zitronensaft beträufeln, leicht salzen und 5 Minuten ziehen lassen. Die Zwiebel schälen und in feine Ringe schneiden, den Knoblauch schälen und fein hacken. Die Salatgurke schälen, der Länge nach halbieren und in Scheiben schneiden. Die Kapern hacken. Den Dill abbrausen, trockenschütteln und fein hacken.

2 Den Kabeljau mit Senf, dem fein gehackten Dill, Salz, Pfeffer und Knoblauch würzen. Ein Stück Alufolie herrichten. Die Folie muss an der Längsseite 5 cm überstehen und zweimal um den Fisch gewickelt werden können.

3 Die glänzende Seite der Alufolie mit Öl bestreichen, das Fischfilet darauf legen. Zwiebelringe, Gurkenscheiben und gehackte Kapern auf dem Filet verteilen. Die Alufolie locker darüber schlagen, die Kanten mehrmals falten und zusammendrücken. Den Fisch 15 Minuten im vorgeheizten Backofen bei 200 °C garen.

Dazu passen: Petersilienkartoffeln und Kopfsalat

Zubereitungszeit: 30 Minuten / Nährwert: ca. 300 kcal (1260 kJ)

Seezungenfilet in Pfeffersauce

Kräuterforelle

1 küchenfertige Forelle (ca. 250 g), 1 EL Zitronensaft,
1 Prise Kräutersalz, 1 gestr. TL Margarine, 1 Zweig Dill,
je 3 Blätter Basilikum, Salbei und Zitronenmelisse, 1 Schalotte,
½ Zitrone (unbehandelt)

1 Die Forelle innen und außen gründlich unter fließendem kaltem Wasser waschen, trockentupfen und mit Zitronensaft beträufeln. Das Kräutersalz in die Bauchhöhle streuen.

2 Ein großes Stück Alufolie vorbereiten, die Margarine in Flöckchen darauf verteilen.

3 Die Kräuter waschen, trockenschütteln und grob hacken. Ein Drittel der Kräuter auf der Alufolie verteilen. Ein weiteres Drittel in die Bauchhöhle der Forelle füllen. Den Fisch auf die Folie legen und die restlichen Kräuter darüber streuen.

4 Die Schalotte schälen, in dünne Ringe schneiden und auf die Forelle geben. Die Zitrone heiß waschen, in dünne Scheiben schneiden und auf den Fisch legen.

5 Die Folie locker um den Fisch wickeln, die Ränder gut verschließen. Bei 220 °C im vorgeheizten Backofen auf dem Rost (mittlere Schiene) 15 bis 20 Minuten garen.

Dazu passen: Salzkartoffeln und gedünstete Möhren

Zubereitungszeit: 30 Minuten / Nährwert: ca. 300 kcal (1260 kJ)

Gedünsteter Heilbutt

1 Scheibe Heilbutt (ca. 200 g), 1 Spritzer Zitronensaft,
½ Schalotte, 1 gestr. EL Margarine,
Salz, frisch gemahlener Pfeffer, 1 EL Wasser, 3 Pfefferkörner,
1 kleines Lorbeerblatt, 1 Gewürznelke, 2 Pimentkörner

1 Den Heilbutt abbrausen, trockentupfen, mit etwas Zitronensaft beträufeln und zugedeckt 5 Minuten stehen lassen. Die Schalotte schälen und fein hacken. Die Margarine in einer Pfanne erhitzen, die Schalotte darin glasig dünsten.

2 Die Heilbuttscheibe mit Salz und Pfeffer bestreuen und zusammen mit dem Wasser und den Gewürzen in die Pfanne geben und in etwa 10 Minuten gar dünsten. Den Fisch auf einen vorgewärmten Teller legen und den Bratensatz durch ein Sieb darüber gießen.

Dazu passen: Petersilienkartoffeln und Salat

Zubereitungszeit: 20 Minuten / Nährwert: ca. 300 kcal (1260 kJ)

Rotbarschfilet in Kräutersauce

150 g Rotbarschfilet, ½ Zwiebel, 1 gestr. EL Margarine,
1 gestr. EL Mehl, 200 ml Milch (1,5 % Fett),
3 EL fein gehackte Kräuter (z.B. Petersilie, Basilikum,
Estragon, Maggikraut, Zitronenmelisse), ¼ Gemüsebrühwürfel,
frisch gemahlener Pfeffer

1 Das Rotbarschfilet in Stücke schneiden. Die Zwiebel schälen und sehr fein hacken. Die Margarine in einem Topf zerlassen, die Zwiebel darin anschwitzen. Dann das Mehl darüber stäuben und gut verrühren. Die Milch angießen und die Kräuter zufügen.

2 Die Sauce mit dem Handmixstab pürieren und danach erhitzen. Den Brühwürfel darin auflösen, mit Pfeffer abschmecken. Die Fischstücke dazugeben und 10 Minuten darin ziehen lassen.

Dazu passen: Reis und Gurkensalat

Zubereitungszeit: 25 Minuten / Nährwert: ca. 350 kcal (1470 kJ)

Seezunge in Senfsahne

3 Seezungenfilets (ca. 150 g), 5 cl Weißwein (trocken),
100 ml Wasser, 1/2 TL Senfkörner, 1/4 unbehandelte Zitrone,
1 Prise Salz, frisch gemahlener Pfeffer
Für die Sauce: 1 TL Speisestärke, 75 ml Milch (1,5 % Fett), 2 EL Sahne,
Salz, 1 Spritzer Zitronensaft, Senf (mittelscharf)

1 Die Seezungenfilets unter fließendem kalten Wasser abbrausen, trockentupfen, aufrollen und mit Holzstäbchen feststecken. Wein, Wasser, Senfkörner, das Zitronenstück, Salz und Pfeffer in einem Topf zum Kochen bringen. Die Seezungenröllchen hineingeben, aufkochen und in 15 Minuten gar ziehen lassen.

2 In der Zwischenzeit die Speisestärke mit 2 Esslöffeln Milch anrühren. Die restliche Milch zum Kochen bringen, vom Herd nehmen, die Speisestärke einrühren und nochmals kurz aufkochen lassen. Die Sahne hinzufügen und die Sauce mit Salz, Zitronensaft und etwas Senf abschmecken.

3 Die Seezungenröllchen aus der Brühe heben, auf einen vorgewärmten Teller legen und mit der Senfsahne begießen.

Dazu passen: Reis und Erbsen

Zubereitungszeit: 25 Minuten / Nährwert: ca. 300 kcal (1260 kJ)

Tunfischkotelett

Kabeljaufrikassee

150 g Kabeljaufilet, Saft von ½ Zitrone, 1 gestr. TL Margarine, 1 gestr. TL Weizenmehl, 125 ml Fischfond (aus dem Glas), Salz, ½ TL gehackte Kapern, 1 cl Weißwein (trocken), je 1 Msp. Selleriesalz und Paprikapulver (edelsüß), 1 Eigelb, 1 EL Wasser, 1 EL fein gehackte Petersilie

1 Den Fisch unter fließendem kaltem Wasser abbrausen, trockentupfen und mit etwas Zitronensaft beträufeln. Dann zugedeckt ruhen lassen.

2 In der Zwischenzeit die Margarine in einem Topf zerlassen und das Mehl darin unter Rühren leicht bräunen. Den Fischfond angießen und mit dem Schneebesen gut durchrühren, damit keine Klumpen entstehen. Die Sauce aufkochen lassen.

3 Den Fisch in mundgerechte Stücke schneiden und in die Sauce geben. Mit Salz, Kapern, Wein, Selleriesalz, Paprikapulver und dem restlichen Zitronensaft abschmecken und in 15 Minuten bei schwacher Hitze gar ziehen lassen. Das Eigelb mit dem Wasser verrühren und unter die Sauce ziehen, die Petersilie zugeben. Eventuell mit Zitronensaft und Salz nachwürzen.

Dazu passt: Reis

Zubereitungszeit: 25 Minuten / Nährwert: ca. 250 kcal (1050 kJ)

Tunfischkotelett

1 Tunfischkotelett (ca. 150 g),
1 Spritzer Zitronensaft,
Salz, frisch gemahlener Pfeffer, 1 TL Olivenöl,
1 TL Kapern, 1 TL fein gehackte Petersilie

1 Das Tunfischkotelett waschen, trockentupfen und mit dem Zitronensaft beträufeln, salzen und pfeffern. Den Fisch abdecken, 10 Minuten ziehen lassen.

2 Das Öl in einer Pfanne erhitzen, den Fisch auf jeder Seite 4 bis 5 Minuten braten. Dann herausnehmen und warm stellen.

3 Die Kapern fein hacken und im Bratsud 2 Minuten erhitzen. Dann die Petersilie zugeben und 1 weitere Minute mitdünsten. Den Tunfisch mit der Würzmischung servieren.

Dazu passen: Folienkartoffeln und Feldsalat

Zubereitungszeit: 25 Minuten / Nährwert: ca. 400 kcal (1680 kJ)

Spagetti mit Tunfisch

50 g Spagetti, 1/4 Bund Petersilie, 1 Knoblauchzehe,
1/2 Dose Tunfisch (in Wasser), 1 TL Olivenöl,
2 EL Milch (1,5 % Fett), 1 Eigelb, 1 TL ger. Parmesankäse,
Salz, frisch gemahlener Pfeffer

1 Die Spagetti nach Packungsanleitung bissfest kochen. In der Zwischenzeit die Petersilie abbrausen und trockenschütteln, die Knoblauchzehe schälen. Beides zusammen mit dem Tunfisch fein hacken.

2 Das Olivenöl in einer Pfanne erhitzen. Tunfisch, Petersilie und Knoblauch zugeben und unter häufigem Umrühren bei kleiner Hitze 10 Minuten köcheln lassen.

3 Milch, Eigelb und Parmesankäse in einer kleinen Schüssel verrühren, salzen, pfeffern.

4 Die Spagetti gut abtropfen lassen, dann in einer vorgewärmten Schüssel zusammen mit dem Tunfischsugo und der Eiersauce mischen und sofort servieren.

Zubereitungszeit: 20 Minuten / Nährwert: ca. 400 kcal (1680 kJ)

Tipp

Versuchen Sie auch einmal diese Variante:
Verrühren Sie statt Milch und Eigelb ca. 3 EL Tomatenpüree mit dem Parmesankäse und erhitzen Sie diese Mischung zusammen mit dem Tunfischsugo. Streuen Sie zum Schluss gehacktes Basilikum über das Gericht.

Schollenfilet in Sherrydampf

150 g Schollenfilet, 1 kleine Knoblauchzehe, 1 EL Sojasauce, Salz, frisch gemahlener Pfeffer, 2 Frühlingszwiebeln, 2 cl Sherry (trocken)

1 Das Schollenfilet waschen und trockentupfen. Den Knoblauch schälen, durch eine Presse in eine Schüssel drücken und zusammen mit Sojasauce verrühren.

2 Den Fisch mit der Knoblauch-Soja-Mischung übergießen, salzen und pfeffern. Zugedeckt einige Minuten ziehen lassen.

3 Inzwischen die Frühlingszwiebeln putzen und in ungefähr 2 cm lange Stücke schneiden. Einen Fischtopf oder einen anderen Topf mit Siebeinsatz etwa 2 cm hoch mit Wasser füllen, den Sherry dazugießen und aufkochen lassen.

4 Die Frühlingszwiebeln in den Siebeinsatz geben, salzen, pfeffern und den Fisch darauf legen.

5 Den Siebeinsatz in den Topf stellen, mit einem Deckel verschließen und das Schollenfilet 10 Minuten im Dampf garen. Den Fisch zusammen mit den Frühlingszwiebeln auf einem vorgewärmten Teller anrichten.

Dazu passt: gemischter Salat

Zubereitungszeit: 20 Minuten / Nährwert: ca. 200 kcal (840 kJ)

Scampi mit Knoblauchbutter

2 kleine Knoblauchzehen, 2 gestr. TL Butter,
1 TL Olivenöl, 125 g Scampi (frisch oder TK),
Salz, frisch gemahlener Pfeffer,
Chilipulver, 1 Spritzer Zitronensaft, ½ Bund Petersilie

1 Die Knoblauchzehen schälen und in sehr feine Scheiben schneiden. Butter und Öl in einer Pfanne erhitzen, den Knoblauch darin bei schwacher Hitze goldgelb werden lassen.

2 In der Zwischenzeit die (aufgetauten) Scampi kalt abbrausen und aus der Schale lösen. Zusammen mit dem Knoblauch etwa 6 Minuten braten, dabei ab und zu umrühren. Mit Salz, Pfeffer, Chilipulver und Zitronensaft würzen.

3 Die Petersilie waschen, trockenschütteln und grob hacken. Zum Schluss unter die Scampi mischen.

Dazu passt: Weißbrot

Zubereitungszeit: 20 Minuten / Nährwert: ca. 200 kcal (840 kJ)

Tipp

Achtung: Frische Meeresfrüchte verderben sehr rasch und sollten daher noch am Tag des Einkaufs verbraucht werden. Tiefgekühlt halten ganz frische Meeresfrüchte bis zu zwei Monate.

Shrimps mit Nudeln

50 g Spagetti, 1 Schalotte, 1 EL Öl, 1 gestr. TL Margarine, 75 g Shrimps (frisch oder TK), 1 cl Weinbrand, 1 Spritzer Zitronensaft, Salz, frisch gemahlener Pfeffer

1 Die Spagetti nach Packungsanleitung bissfest kochen. In der Zwischenzeit die Schalotte schälen und fein hacken.

2 Das Öl erhitzen, die Margarine darin schmelzen und die Schalotte und die (aufgetauten) Shrimps im heißen Fett in etwa 4 Minuten goldbraun braten.

3 Den Weinbrand in einer kleinen Schöpfkelle erwärmen, anzünden und brennend über die Shrimps gießen. Die Shrimps herausnehmen und warm halten.

4 Den Bratfond mit Zitronensaft ablöschen, salzen und pfeffern. Die Sauce zusammen mit den heißen, gut abgetropften Spagetti vermischen, die gebratenen Shrimps auf die Spagetti legen. Sofort servieren.

Zubereitungszeit: 20 Minuten / Nährwert: ca. 400 kcal (1680 kJ)

Tipp

Verwenden Sie zur Abwechslung dieselbe Menge (Trockengewicht) Reis statt Nudeln und würzen Sie den Reis mit etwas Safran.

Vegetarische Gerichte

Es muss nicht immer Fleisch sein ... Mit den folgenden Rezepten zeigen wir Ihnen, wie vielseitig und abwechslungsreich die vegetarische Küche sein kann. Probieren Sie die Rezeptvorschläge einfach aus, am besten noch heute!

Kartoffel-Zucchini-Puffer

Für den Puffer: ½ Zucchino (ca. 100 g), 1 mittelgroße Kartoffel (ca. 100 g), 1 Ei, Salz, frisch gemahlener Pfeffer, ½ TL Thymian (getrocknet), 1 TL Öl
Für die Sauce: 2 EL Magerquark, 1 EL Milch (1,5 % Fett), Salz, frisch gemahlener Pfeffer, 1 Prise Thymian (getrocknet), 1 Spritzer Zitronensaft

1 Den Zucchino und die Kartoffel waschen und schälen. Beide grob raspeln und auf Küchenpapier ausbreiten, damit das Papier die Flüssigkeit aufsaugt.

2 Das Ei zusammen mit Salz, Pfeffer und Thymian verrühren, dann in einer Schüssel gut mit dem Gemüse vermischen.

3 Das Öl in einer Pfanne erhitzen, die Kartoffel-Zucchini-Mischung in die Pfanne geben und zu einem Puffer flach drücken. Von jeder Seite knusprig braten.

4 Für die Sauce alle Zutaten gut verrühren, dann auf den Puffer geben.

Zubereitungszeit: 20 Minuten / Nährwert: ca. 250 kcal (1050 kJ)

Nudelomelette mit Käse

35 g Spagetti, 1 Fleischtomate, 1 dünne Scheibe Gouda (30 % F.i.Tr., ca. 30 g), 1 Ei, 50 ml Milch (1,5 % Fett), Salz, frisch gemahlener Pfeffer, 2 EL gemischte gehackte Kräuter (z.B. Petersilie, Basilikum, Estragon, Salbei), 1 gestr. TL Margarine zum Braten

1 Die Spagetti in der Mitte auseinander brechen und nach Packungsanleitung bissfest kochen. Dann abgießen, abschrecken und gut abtropfen lassen.

2 In der Zwischenzeit die Tomate kurz in heißes Wasser tauchen, häuten und den Stielansatz entfernen. Das Fruchtfleisch in schmale Spalten schneiden.

3 Den Käse in feine Streifen schneiden. Das Ei und die Milch mit dem Schneebesen verrühren, mit Salz und Pfeffer würzen und die Kräuter darunter mischen.

4 In einer Pfanne die Margarine schmelzen. Die Hälfte der Eiermasse hineingießen und gleichmäßig verteilen. Die Spagetti darauf geben.

5 Die restliche Eiermasse und die Tomatenspalten darüber verteilen. Die Käsestreifen gitterförmig darauf anordnen. Alles zugedeckt bei milder Hitze backen, bis die Eiermasse gestockt ist.

Zubereitungszeit: 20 Minuten / Nährwert: ca. 350 kcal (1470 kJ)

Tipp

Ältere Käsesorten wie mittelalter Gouda, Raclette, Emmentaler oder Fontina sind für die Zubereitung eines Käseomelettes am besten geeignet, da sie schnell schmelzen, ohne Fäden zu ziehen.

Wirsingtaschen

3 große Wirsingblätter, Salz,
100 g Butterkäse (30 % F.i.Tr.),
1 Stück Salatgurke (ca. 100 g), 1 Schalotte, 1 EL Kräuteressig,
1 EL Öl, 1 TL Crème fraîche, frisch gemahlener Pfeffer,
1 Msp. Paprikapulver, 1 Msp. Kümmel, ½ Bund Schnittlauch

1 Die Wirsingblätter waschen und in Salzwasser in etwa 7 Minuten bissfest garen, dann abtropfen lassen. Inzwischen den Käse in kleine Würfel schneiden.

2 Die Gurke mit heißem Wasser gründlich waschen, abtrocknen, der Länge nach vierteln und in dünne Scheiben schneiden. Die Schalotte schälen und fein hacken. Käse, Gurke und Schalotte in einer Schüssel vermischen.

3 Eine Salatsauce bereiten aus Essig, Öl, Crème fraîche, Pfeffer und Salz. Mit Paprika und Kümmel abschmecken.

4 Den Schnittlauch waschen, trockenschütteln und bis auf 3 kräftige Halme in feine Röllchen schneiden. Die Röllchen zur Sauce geben. Das Dressing mit dem Käsesalat vermischen, alles kurz durchziehen lassen.

5 Die Wirsingblätter auf einen Teller legen, die dicke Mittelrippe etwas abflachen. Die Käsemischung auf die Blätter häufen, die Blattränder oben zusammendrehen und jede Tasche vorsichtig mit einem Schnittlauchhalm zubinden.

Zubereitungszeit: 30 Minuten / Nährwert: ca. 400 kcal (1680 kJ)

Polenta mit Tomatensauce

Für die Polenta: 250 ml klare Gemüsebrühe (Instant),
50 g Maismehl, 1 gestr. EL Margarine
Für die Tomatensauce: 2 sehr reife Fleischtomaten (ca. 200 g),
1 TL Öl, 1 Knoblauchzehe, Salz, frisch gemahlener Pfeffer,
1 EL saure Sahne, 3 Blätter Basilikum

1 Die Gemüsebrühe zum Kochen bringen, unter Rühren das Maismehl zufügen. Dann die Margarine zugeben. Die Polenta etwa 20 Minuten bei schwacher Hitze garen. Gelegentlich umrühren. Die Polenta soll dick und geschmeidig werden.

2 Die Tomaten kurz in kochendes Wasser tauchen, häuten und den Stielansatz entfernen. Das Fruchtfleisch würfeln. Das Öl erhitzen, die Knoblauchzehe schälen und mit der Presse hineindrücken, zusammen mit den Tomatenstückchen dünsten. Mit Salz, Pfeffer und saurer Sahne abschmecken. Zuletzt über die Polenta geben und mit fein gehacktem Basilikum bestreuen.

Zubereitungszeit: 25 Minuten / Nährwert: ca. 350 kcal (1470 kJ)

Vollwertpfanne

100 ml klare Gemüsebrühe (Instant), 50 g Weizenschrot (Bulgur),
¼ Bund Schnittlauch, ½ Zwiebel, 1 EL Olivenöl,
100 g frische Champignons, 100 g Spinat, 1 kleine Knoblauchzehe,
1 Spritzer Zitronensaft, Salz, frisch gemahlener Pfeffer,
1 Stück Feta (40 % F.i.Tr., ca. 50 g)

1 Die Brühe aufkochen, den Weizenschrot dazugeben. Schnittlauch waschen, trockenschütteln, in Röllchen schneiden und zufügen. Das Ganze etwa 20 Minuten bei schwacher Hitze ausquellen lassen. Der Weizenschrot soll körnig, aber noch bissfest sein.

2 Die Zwiebel schälen und fein hacken. Das Öl in einer Pfanne erhitzen, die Zwiebel darin glasig dünsten. Die Champignons putzen, waschen und in Blättchen schneiden. Dann zu den Zwiebeln geben und ebenfalls andünsten. Gelegentlich umrühren.

3 Den Spinat waschen, die Stielenden entfernen, die Blätter in die Pfanne geben. Knoblauch schälen und durch eine Presse dazugeben. Das Gemüse gut andünsten, vorsichtig umrühren.

4 Mit Zitronensaft, Salz und Pfeffer abschmecken. Den Feta würfeln und dazugeben. Zum Schluss die Gemüsepfanne zusammen mit dem Bulgur vermischen.

Zubereitungszeit: 30 Minuten / Nährwert: ca. 400 kcal (1680 kJ)

Vollwertpfanne

Kartoffeln mit Kräuterdip

Für die Kartoffeln: 250 g neue Kartoffeln,
250 ml klare Gemüsebrühe (Instant),
je 1 Msp. gemahlener Kümmel und Muskatnuss
Für den Kräuterdip: 1 EL Magerquark, 2 EL Jogurt (1,5 % Fett),
1 TL Sonnenblumenöl, 1 Spritzer Zitronensaft,
1 kleine Knoblauchzehe, 1 EL fein gehackte Kräuter
(z.B. Thymian, Schnittlauch, Petersilie, Basilikum),
1 Prise Salz, frisch gemahlener Pfeffer

nur Basilikum
+ Tomaten

1 Die Kartoffeln waschen, s[illegible] brühe erhitzen, die Kartoffeln und die Gewürze zugeben. Die Kartoffeln 20 Minuten im geschlossenen Topf bei kleiner Flamme weich garen.

2 Für den Kräuterdip Quark, Jogurt, Öl und Zitronensaft cremig rühren. Die Knoblauchzehe schälen und durch die Presse dazudrücken, die fein gehackten Kräuter unterrühren, mit Salz und Pfeffer abschmecken.

Zubereitungszeit: 25 Minuten / Nährwert: ca. 300 kcal (1260 kJ)

Austernpilz-Ragout mit Nudeln

50 g schmale Bandnudeln, 2 Schalotten, 250 g Austernpilze,
1 EL Olivenöl, 1 Prise Salz, 1 TL Thymian (getrocknet),
1 EL fein gehackte Petersilie, 1 Knoblauchzehe,
frisch gemahlener Pfeffer

1 Die Bandnudeln nach Packungsanleitung bissfest kochen.

2 Inzwischen die Schalotten schälen und fein hacken. Die Austernpilze unter fließendem Wasser waschen, große Pilze halbieren.

Das Öl in einer Pfanne erhitzen. Die Schalotten, die Austernpilze, das Salz und die Kräuter in die Pfanne geben, die Knoblauchzehe schälen und durch die Presse dazudrücken. Alles unter häufigem Wenden kräftig anbraten.

3 Die gut abgetropften Nudeln und die Pilze vermischen, mit frisch gemahlenem Pfeffer kräftig abschmecken.

Zubereitungszeit: 20 Minuten / Nährwert: ca. 300 kcal (1260 kJ)

Sesamwirsing

4 schöne Wirsingblätter, 5 große Champignons, 50 g frische Sojasprossen, 1 EL Olivenöl, 1 kleine Knoblauchzehe, 1 TL Sesam, Salz, frisch gemahlener Pfeffer, 1 cl Sherry (trocken), 1 EL Sojasauce

1 Den Wirsing waschen, abtropfen lassen und in feine Streifen schneiden. Die Champignons putzen, waschen und in feine Blätter schneiden. Die Sojasprossen abbrausen und abtropfen lassen.

2 Das Öl in einer Pfanne erhitzen, die Champignons darin kurz anbraten. Die Knoblauchzehe schälen und durch eine Presse dazudrücken. Den Wirsing und die Sojasprossen unterrühren und den Sesam einstreuen.

3 Das Gemüse salzen und pfeffern. Sherry und Sojasauce dazugeben und den Sesamwirsing zugedeckt bei mittlerer Hitze 10 Minuten dünsten.

Dazu passt: Reis

Zubereitungszeit: 25 Minuten / Nährwert: ca. 250 kcal (1050 kJ)

Champignon-Omelette

Für den Teig: 2 Eier, 1 Prise Salz, 2 EL Milch (1,5 % Fett), 1 gestr. EL Mehl, 1 gestr. TL Margarine zum Backen
Für die Füllung: ½ Schalotte, 3 große Champignons oder Egerlinge, 1 TL Öl, 1 EL gehackte Petersilie, frisch gemahlener Pfeffer

1 Eier, Salz, Milch und Mehl gut verquirlen, dann den Teig etwas ruhen lassen. Inzwischen die Füllung vorbereiten.

2 Die Schalotte schälen und fein hacken. Die Champignons putzen, waschen und in feine Blättchen schneiden. Das Öl in einer Pfanne erhitzen, die Schalotte darin leicht bräunen. Die Champignons zufügen und etwa 5 Minuten mitdünsten. Schließlich die fein gehackte Petersilie zugeben und weitere 2 Minuten dünsten. Mit frisch gemahlenem Pfeffer würzen.

3 In einer zweiten Pfanne die Margarine zerlassen, den Omeletteteig einfüllen und bei schwacher Hitze stocken lassen. Mit der Champignon-Mischung füllen und in der Mitte zusammenklappen.

Zubereitungszeit: 20 Minuten / Nährwert: ca. 300 kcal (1260 kJ)

Gemüsespieße mit Jogurtsauce

Für die Spieße: je ½ rote und gelbe Paprikaschote, 100 g Zucchini, 4 Champignons, 1 kleine Zwiebel, 2 EL Olivenöl, 1 Prise Salz, 1 Msp. Cayennepfeffer, ½ TL Thymian (getrocknet), 1 Msp. Paprikapulver, 50 g Feta (40 % F.i.Tr.)
Für die Sauce: 3 Blätter Basilikum oder Minze, ½ Becher Jogurt (1,5 % Fett), 1 Prise Salz, 1 kleine Knoblauchzehe

1 Die Paprikaschoten waschen, den Stielansatz, die Kerne und die weißen Häutchen entfernen. Die Hälften jeweils in 6 Stücke

schneiden. Die Zucchini waschen, in dünne Scheiben schneiden. Die Champignons putzen, waschen und vierteln. Die Zwiebel schälen und in Ringe schneiden. Das Gemüse abwechselnd auf zwei Spieße stecken.

2 Olivenöl, Salz, Cayennepfeffer, Thymian und Paprikapulver verrühren, die Gemüsespieße damit bestreichen. Die Spieße in eine feuerfeste Form legen und bei 200 °C im vorgeheizten Backofen 10 Minuten garen. Den Feta zerkrümeln, über die Spieße streuen und weitere 5 Minuten überbacken.

3 Basilikum oder Minze waschen, fein hacken und mit Jogurt, Salz und der durch eine Presse gedrückten Knoblauchzehe zu einer Sauce verrühren. Gemüsespieße und Sauce getrennt servieren.

Zubereitungszeit: 30 Minuten / Nährwert: ca. 350 kcal (1470 kJ)

Gemüsespieße mit Jogurtsauce

Gefüllte Champignons

4 große Champignons
Für die Füllung: 2 EL Frischkäse mit Kräutern (20 % F. i. Tr.),
1 EL Spinat (TK), 1 Knoblauchzehe, Salz,
frisch gemahlener Pfeffer, 1 TL Olivenöl
Für die Sauce: 3 EL Jogurt (1,5 % Fett), 1 TL gehackte Kräuter
(z. B. Thymian, Majoran, Petersilie), frisch gemahlener Pfeffer,
1 Spritzer Zitronensaft, Paprikapulver (edelsüß)

1 Die Champignons putzen, waschen und die Stiele herausdrehen. Von den Stielen das untere Ende entfernen, den Rest fein hacken.

2 Von dem Frischkäse 1 Esslöffel mit den gehackten Champignonstielen und dem Spinat vermischen, die Knoblauchzehe schälen und durch eine Presse dazudrücken. Die Masse leicht salzen und pfeffern und in die Champignonköpfe füllen, dann jeweils ein paar Tropfen Olivenöl darüber träufeln.

3 Die Champignons bei 200 °C im vorgeheizten Backofen etwa 15 Minuten überbacken.

4 In der Zwischenzeit eine Sauce bereiten aus dem restlichen Frischkäse, dem Jogurt und den Kräutern. Mit Pfeffer und Zitronensaft abschmecken. Die Champignons vor dem Servieren mit Paprika bestäuben, die Sauce dazu reichen.

Zubereitungszeit: 25 Minuten / Nährwert: ca. 200 kcal (840 kJ)

Tipp

Die Füllung der Champignons bleibt Ihrer Phantasie überlassen. Hier eine abgespeckte Variante: Füllen Sie die Köpfe mit einer Mischung aus den gehackten Stielen, Knoblauch, Quark, Gewürzen und frischen Kräutern und lassen Sie die Sauce einfach weg.

Kartoffel-Tortilla

100 g Kartoffeln (mehlig kochend), ½ Zwiebel,
3 TL Olivenöl, 2 große Champignons, 1 Zweig Thymian,
¼ Bund Petersilie, Salz, frisch gemahlener Pfeffer,
1 Msp. gemahlene Muskatnuss, 1 Ei

1 Die Kartoffeln waschen, schälen und mit dem Gurkenhobel in feine Scheiben hobeln. Die Zwiebel schälen und fein hacken. 2 Teelöffel Öl in einer Pfanne erhitzen, die Zwiebel und Kartoffelscheiben zugeben und unter Wenden bei schwacher Hitze 1 Minute braten.

2 Die Champignons putzen, waschen und in feine Blättchen schneiden, zu den Kartoffeln geben und mitbraten.

3 Die Kräuter kurz abbrausen, trockenschütteln, die Blätter fein hacken und zum Gemüse geben. Die Mischung kräftig mit Salz, Pfeffer und Muskatnuss würzen und etwas abkühlen lassen.

4 Das Ei in einer großen Schüssel mit dem Schneebesen verquirlen, dann die Kartoffelmischung darunter rühren.

5 Das restliche Olivenöl in der Pfanne erhitzen, die Gemüsemasse einfüllen und 10 Minuten braten. Dann mit Hilfe eines Tellers wenden und weitere 8 Minuten garen.

Dazu passt: gemischter Salat

Zubereitungszeit: 30 Minuten / Nährwert: ca. 300 kcal (1260 kJ)

Quark-Frikadellen mit Kräutern

3 EL Magerquark, 1 EL Milch (1,5 % Fett), 1 Ei, 2 EL fein gehackte Kräuter (z.B. Petersilie, Schnittlauch, Dill, Estragon, Thymian), 2 gestr. EL Weizengrieß, 1 geh. EL Semmelbrösel, 1 Prise Salz, frisch gemahlener Pfeffer, ½ TL Paprikapulver (edelsüß), 1 TL Olivenöl

1 Alle Zutaten, bis auf das Öl, gut verrühren und pikant abschmecken, die Masse darf nicht zu dünnflüssig werden – gegebenenfalls noch Semmelbrösel hinzufügen.

2 Das Öl in einer Pfanne erhitzen. Die Masse löffelweise in das heiße Fett geben und etwas flach drücken. Die Frikadellen von beiden Seiten goldbraun backen.

Dazu passt: Gurkensalat

Zubereitungszeit: 15 Minuten / Nährwert: ca. 300 kcal (1260 kJ)

Tomaten mit Reisfüllung

2 feste Tomaten, Salz, 2 große Champignons, 1 TL Margarine, 1 TL fein gehackte Petersilie, 50 g gekochter Reis, 1 EL Crème fraîche mit Kräutern, 1 Msp. abgeriebene Zitronenschale, Salz, frisch gemahlener Pfeffer

1 Die Tomaten waschen, abtrocknen und mit einem scharfen Messer jeweils den Deckel abschneiden. Das Fruchtfleisch vorsichtig mit einem Teelöffel herausholen, das Innere der Tomaten mit Salz bestreuen.

2 Die Champignons putzen, waschen und fein hacken. Die Margarine in einer Pfanne erhitzen, die Champignons und die Petersilie kurz darin andünsten. Die abgekühlte Champignon-Mischung mit dem ausgehöhlten Fruchtfleisch der Tomaten, dem Reis und allen anderen Zutaten vermischen. Die Tomaten mit der Masse füllen und die Deckel jeweils wieder darauf setzen.

Dazu passt: Kopfsalat

Zubereitungszeit: 15 Minuten / Nährwert: ca. 200 kcal (840 kJ)

Gurkengemüse

250 g Salatgurke, 125 g Tomaten, ½ Zwiebel,
1 EL ÖL, je 1 Msp. Salz und Zucker, 50 ml klare Gemüsebrühe (Instant),
2 EL saure Sahne, frisch gemahlener Pfeffer,
1 EL gemischte gehackte Kräuter (z.B. Petersilie, Schnittlauch, Dill),
1 Spritzer Zitronensaft

1 Die Gurke waschen, schälen und der Länge nach vierteln. Die Gurkenviertel in etwa 3 cm lange Stücke schneiden. Die Tomaten einritzen, kurz in kochendes Wasser tauchen, häuten, den Stielansatz entfernen und das Fruchtfleisch vierteln. Die Zwiebel schälen und sehr fein hacken.

2 In einem Topf das Öl erhitzen, Salz und Zucker dazugeben und rühren, bis der Zucker leicht braun wird. Sofort die Gurkenstücke und die Zwiebel hinzufügen. Das Gemüse bei schwacher Hitze dünsten, dabei ab und zu umrühren. Dann die Tomatenviertel und die Gemüsebrühe zugeben und das Gemüse zugedeckt 15 bis 20 Minuten garen.

3 Das Gurkengemüse mit saurer Sahne, Pfeffer, fein gehackten Kräutern und Zitronensaft abschmecken.

Dazu passen: Pellkartoffeln

Zubereitungszeit: 30 Minuten / Nährwert: ca. 200 kcal (840 kJ)

Snacks

Bei der Zubereitung und Auswahl der kleinen Snacks für zwischendurch sind Ihrer Fantasie keine Grenzen gesetzt. Achten Sie jedoch stets auf die Kalorien und bevorzugen Sie energiearme Nahrungsmittel wie Obst und Gemüse.

Vollkornbrötchen mit marinierten Mozzarella

½ Kugel Mozzarella (ca. 60 g), frisch gemahlener Pfeffer, Salz, 1 EL Weißweinessig, 1 EL Olivenöl, 3 Basilikumblätter, 1 kleine Knoblauchzehe, 1 Stück Salatgurke (ca. 50 g), 1 großes Blatt Radicchio, 1 Vollkornbrötchen

1 Den Mozzarella in kleine Würfel mit einer Kantenlänge von ca. 0,5 cm schneiden und in eine Schüssel geben. Eine Marinade bereiten aus Pfeffer, Salz, Essig und Öl.

2 Basilikum waschen, fein hacken und dazugeben, die Knoblauchzehe schälen und durch die Presse dazudrücken. Die Sauce gut verrühren, über die Mozzarellawürfel gießen und 10 Minuten durchziehen lassen, dabei die Käsewürfel gelegentlich wenden.

3 Inzwischen die Gurke schälen und in kleine Würfel schneiden. Das Salatblatt abbrausen und in feine Streifen schneiden. Beides mit den Mozzarellawürfeln mischen, nochmals abschmecken. Die Mischung auf den Brötchenhälften verteilen.

Zubereitungszeit: 15 Minuten / Nährwert: ca. 300 kcal (1260 kJ)

Räucherlachs auf Karotten-Reis-Puffer

Für den Karotten-Reis-Puffer: 1 Ei, 1 gestr. EL Jogurt (1,5 % Fett), 1 gestr. EL Mehl, ½ Karotte, 50 g gekochter Reis, Salz, frisch gemahlener Pfeffer, 1 TL Öl
Für die Sauce: 2 EL Jogurt (1,5 % Fett), 1 TL Crème fraîche, ½ TL Meerrettich (aus dem Glas), Salz, Pfeffer, 1 Spritzer Zitronensaft, ½ TL gehackter Dill
Außerdem: 1 dünne Scheibe Räucherlachs

1 Für den Puffer Ei, Jogurt und Mehl verrühren. Die Karotte waschen, schälen und fein raspeln, mit dem gekochten Reis und der Eimasse mischen. Mit Salz und Pfeffer würzen.

2 Für die Sauce Jogurt, Crème fraîche und Meerrettich verrühren. Mit Salz, Pfeffer, Zitronensaft und Dill abschmecken. Den Lachs in breite Streifen schneiden.

3 In einer Pfanne das Öl erhitzen, die Puffermasse hineingeben und flach drücken. Den Puffer auf beiden Seiten etwa 3 Minuten goldbraun braten.

4 Den Karotten-Reis-Puffer auf einen Teller geben, den Lachs darauf anrichten und mit der Sauce begießen.

Zubereitungszeit: 15 Minuten / Nährwert: ca. 350 kcal (1470 kJ)

Tipp

Eine leckere Variante ist Räucherlachs auf Kartoffelpuffer. Ersetzen Sie die Karotte und den Reis durch 2 kleine, fein geraspelte Kartoffeln und braten Sie den Puffer bei mittlerer Hitze ca. 5 Minuten auf jeder Seite.

Vollwert-Burger

3 große Egerlinge oder Champignons, 1 kleine Knoblauchzehe, 100 g Tatar, 1 EL fein gehackte Petersilie, Salz, frisch gemahlener Pfeffer, 1 Msp. Paprikapulver (edelsüß), 1 TL Öl, 1 Vollkornbrötchen, 1 TL Senf (mittelscharf), 1 Blatt Kopfsalat, ½ Tomate

1 Die Egerlinge oder Champignons putzen, waschen und sehr fein hacken. Die Knoblauchzehe schälen und durch eine Presse drücken.

2 Pilze, Knoblauch, Tatar und Petersilie vermischen, mit Salz, Pfeffer und Paprikapulver abschmecken. Ein flaches Hacksteak daraus formen.

3 Das Öl in einer Pfanne erhitzen, das Hacksteak darin auf beiden Seiten etwa 4 Minuten braten.

4 Inzwischen das Brötchen waagerecht durchschneiden und die Böden mit Senf bestreichen. Das Salatblatt abbrausen, trockenschütteln und auf die untere Hälfte des Brötchens legen.

5 Die Tomate waschen, den Stielansatz entfernen und das Fruchtfleisch in Scheiben schneiden. Die Tomatenscheiben auf dem Salatblatt verteilen und mit etwas Salz und Pfeffer würzen. Dann das Hacksteak darauf legen. Den Burger zusammenklappen und leicht andrücken.

Zubereitungszeit: 20 Minuten / Nährwert: ca. 300 kcal (1260 kJ)

Pikantes Frischkäsebrot

Pikantes Frischkäsebrot

1 EL Frischkäse mit Kräutern (20 % F.i.Tr.), 1 EL Magerquark,
1 EL Milch (1,5 % Fett), je ¼ rote und gelbe Paprikaschote,
¼ rote Zwiebel, ¼ Bund Schnittlauch, Paprikapulver,
frisch gemahlener Pfeffer, Salz,
1 Scheibe Vollkornbrot

1 Frischkäse, Quark und Milch in eine Schüssel geben und mit dem Schneebesen zu einer glatten Creme verrühren.

2 Die Paprikaschoten waschen, putzen und das Fruchtfleisch in kleine Würfelchen schneiden. Die Zwiebel schälen und sehr fein hacken. Die Paprikawürfel unter die Käsecreme rühren, die gehackten Zwiebeln zur Seite legen.

3 Den Schnittlauch waschen, trockenschütteln, in feine Röllchen schneiden und unter den Frischkäse mischen. Die Creme mit Paprikapulver, Pfeffer und Salz abschmecken.

4 Das Brot mit dem Frischkäse bestreichen, die Zwiebelwürfelchen darüber streuen.

Zubereitungszeit: 10 Minuten / Nährwert: ca. 150 kcal (630 kJ)

Eierbrot mit Paprikasauce

Für die Paprikasauce: 1/4 Zwiebel, je 1 gestr. TL Margarine und Mehl, 1 EL Paprikamark (Ajvar), 50 ml Fleischbrühe (Instant), Salz, Pfeffer, 1 Spritzer Zitronensaft, 1 TL saure Sahne
Außerdem: 1 Scheibe Weißbrot, 1 gestr. TL Margarine, 1 hart gekochtes Ei

1 Die Zwiebel schälen und fein hacken. Die Margarine in einem kleinen Topf zerlassen, die Zwiebel darin glasig dünsten. Mehl und Paprikamark einrühren, die Fleischbrühe zugeben. Einmal aufkochen, dann 5 Minuten bei schwacher Hitze köcheln lassen.

2 Inzwischen das Weißbrot im Toaster rösten und mit Margarine bestreichen. Das hart gekochte Ei in Scheiben schneiden, auf dem Brot verteilen.

3 Die Paprikasauce mit Salz, Pfeffer, Zitronensaft und saurer Sahne pikant abschmecken, dann heiß über das Eierbrot gießen.

Zubereitungszeit: 15 Minuten / Nährwert: ca. 300 kcal (1260 kJ)

Canapé mit Avocadocreme

½ reife Avocado, 1 Spritzer Zitronensaft, Salz, Pfeffer,
1 Scheibe Vollkorntoast, 1 TL gehackte Pistazien

1 Die Avocado schälen und vom Kern befreien. Von der halben Frucht der Länge nach 2 dünne Scheiben abschneiden, den Rest pürieren. Das Avocadomus mit Zitronensaft, Salz und Pfeffer abschmecken, die Creme auf das leicht geröstete Toastbrot streichen.

2 Das Brot diagonal teilen, jeweils eine Avocadoscheibe darauf legen, mit etwas Zitronensaft beträufeln und mit den gehackten Pistazien bestreuen.

Zubereitungszeit: 10 Minuten / Nährwert: ca. 300 kcal (1260 kJ)

Crostini

1 kleine Tomate, 1 Scheibe Vollkorntoast, ½ TL Margarine,
2 Scheiben Mozzarella, Salz, Pfeffer, Oregano

1 Die Tomate kurz in kochendes Wasser tauchen, häuten und den Stielansatz entfernen. In Scheiben schneiden. Den Toast dünn mit Margarine bestreichen, mit den Tomatenscheiben belegen, den Mozzarella darüber geben. Mit Salz, Pfeffer und Oregano würzen.

2 Bei 200 °C im vorgeheizten Backofen etwa 7 Minuten überbacken. Dann sofort servieren.

Zubereitungszeit: 15 Minuten / Nährwert: ca. 150 kcal (630 kJ)

Tipp

Es lohnt nicht, wegen eines einzigen Toasts den Backofen anzuschalten. Schieben Sie deshalb den Snack mit ins Backrohr, wenn Sie beispielsweise gerade einen Kuchen backen.
Sie können Toasts auch in der Mikrowelle überbacken, wenn Ihr Gerät eine Grillfunktion besitzt. Damit sparen Sie Energie.

Rührei mit Schinken und Käse

½ Schalotte, ½ Scheibe gekochter Schinken (ohne Fettrand), ½ Scheibe Gouda (40 % F.i.Tr.), 1 Ei, 1 EL Milch (1,5 % Fett), 1 Msp. Selleriesalz, frisch gemahlener Pfeffer, 1 gestr. TL Margarine, 1 TL gehackte Petersilie

1 Die Schalotte schälen und fein hacken. Schinken und Käse in feine Streifen schneiden. Ei, Milch, Selleriesalz und Pfeffer mit dem Schneebesen kräftig schlagen. Die Käsestreifen dazugeben.

2 Die Margarine in einer beschichteten Pfanne zerlassen, die Schalotte und den Schinken darin andünsten.

3 Die Eimasse darüber gießen und bei mittlerer Hitze unter langsamem Rühren stocken lassen. Zum Schluss mit der fein gehackten Petersilie bestreuen.

Dazu passt: Toast

Zubereitungszeit: 10 Minuten / Nährwert: ca. 200 kcal (840 kJ)

Krabben-Avocado mit Knoblauchdip

½ große, vollreife Avocado, 50 g Krabben (TK oder aus dem Glas), Salz, frisch gemahlener Pfeffer, 1 Spritzer Limettensaft
Für den Dip: 1 EL Jogurt (1,5 % Fett), 2 EL Frischkäse mit Kräutern (20 % F.i.Tr.), 1 EL Milch (1,5 % Fett), 1 Knoblauchzehe, 1 Spritzer Limettensaft, Salz, frisch gemahlener Pfeffer

1 Die Avocadohälfte vom Kern befreien. Mit einem Kugelausstecher etwas Fruchtfleisch aus der Schale lösen, die Avocadoschale sollte unbeschädigt bleiben. Die Avocadokugeln in eine Schüssel geben und die Krabben zufügen. Mit Salz und Pfeffer würzen.

2 Das restliche Fruchtfleisch mit einem Teelöffel sorgfältig aus der Schale herauslösen und mit einer Gabel zerdrücken. Das Mus zusammen mit etwas Limettensaft verrühren und unter die Avocado-Krabben-Mischung heben. Das Ganze 5 Minuten durchziehen lassen.

3 Inzwischen für den Dip Jogurt, Frischkäse und Milch glatt rühren, die Knoblauchzehe durch die Presse dazudrücken und den Dip mit Limettensaft, Salz und Pfeffer pikant abschmecken.

4 Die Avocado-Krabben-Mischung in die ausgehöhlte Avocadoschale füllen und zusammen mit dem Knoblauchdip servieren.

Zubereitungszeit: 15 Minuten / Nährwert: ca. 400 kcal (1680 kJ)

Der kleine Hunger zwischendurch

Wenn der Magen knurrt, hat man nicht immer Zeit, Lust oder Gelegenheit, sich einen Snack zuzubereiten. Rohes Obst, Gemüse oder einen Jogurt zu essen beziehungsweise ein Glas Milch zu trinken ist eine schnelle, gesunde und kalorienarme Möglichkeit, seinen Hunger zu stillen. Folgende Tabelle hilft Ihnen bei der Auswahl.

Obst	**kcal**	**kJ**
Apfel	54	226
Aprikosen	43	180
Banane	94	394
Birne	55	231
Erdbeeren	32	134
Honigmelone	54	226
Kirschen, süß	63	264
Kirschen, sauer	53	222
Kiwi	50	210
Mandarine	46	193
Nektarine	53	222
Orange	42	176
Pfirsich	43	180
Pflaumen	49	205
Wassermelone	37	155
Weintrauben	68	285

Der kleine Hunger zwischendurch

Gemüse	**kcal**	**kJ**
Kohlrabi	24	100
Möhren (Karotten)	28	117
Paprikaschote	20	84
Radieschen	14	58
Salatgurke	12	50
Tomate	17	71

Milchprodukte	**kcal**	**kJ**
H-Milch (3,5 % Fett)	64	268
Fettarme Milch (1,5 % Fett)	47	197
Buttermilch	35	147
Dickmilch (3,5 % Fett)	61	254
Dickmilch (entrahmt)	32	134
Magermilchjogurt	32	134
Naturjogurt (1,5 % Fett)	44	184
Naturjogurt (3,5 % Fett)	61	256
Fruchtjogurt (1,5 % Fett)	78	327
Fruchtjogurt (3,5 % Fett)	94	394
Kefir (3,5 % Fett)	61	256

(Nährwertangaben je 100 g beziehungsweise 100 ml verzehrbarer Anteil)

Geräuchertes Forellenfilet in Dillsauce

½ TL Senf (scharf), 1 Eigelb, Salz, frisch gemahlener Pfeffer,
Saft von ¼ Zitrone, 1 TL Öl, ½ Schalotte,
½ Bund Dill, 1 Scheibe Weißbrot,
1 geräuchertes Forellenfilet

1 Senf und Eigelb verrühren. Mit Salz, Pfeffer und Zitronensaft würzen. Die Sauce mit dem Schneebesen kräftig durchschlagen, dabei das Öl einlaufen lassen.

2 Die Schalotte schälen und sehr fein hacken. Den Dill abbrausen, trockenschütteln und ebenfalls fein hacken. Beides unter die Sauce heben und nochmals abschmecken.

3 Das Weißbrot rösten. Das Forellenfilet darauf legen und mit der Sauce übergießen.

Zubereitungszeit: 10 Minuten / Nährwert: ca. 300 kcal (1260 kJ)

Lachstoast mit Kiwi-Butter

½ Kiwi, 1 gestr. TL weiche Butter,
½ TL ger. Meerrettich (aus dem Glas), 4 Blätter Zitronenmelisse,
1 Scheibe Vollkorntoast,
1 Scheibe Räucherlachs (ca. 40 g)

1 Das Fruchtfleisch der Kiwi mit einem Teelöffel aus der Schale lösen und mit dem Handmixstab pürieren. Das Püree zusammen mit der Butter und dem Meerrettich verrühren. 2 Blätter Zitronenmelisse fein hacken und untermischen.

2 Den Toast rösten und mit der Kiwi-Butter bestreichen. Die Lachsscheibe darauf legen und mit den übrigen Blättern Zitronenmelisse garnieren.

Zubereitungszeit: 5 Minuten / Nährwert: ca. 250 kcal (1050 kJ)

Staudensellerie mit Krabbencreme

50 g Krabben (TK oder aus dem Glas),
1 EL Speisequark (20 % F.i.Tr.), Salz, frisch gemahlener Pfeffer,
1 Msp. Paprikapulver (edelsüß), 1 Spritzer Zitronensaft,
½ Bund Dill, 1 Stange Staudensellerie

1 Die (aufgetauten) Krabben zusammen mit dem Quark im Mixer pürieren, sodass eine geschmeidige Creme entsteht. Mit Salz, Pfeffer, Paprikapulver und Zitronensaft pikant abschmecken.

2 Den Dill abbrausen, trockenschütteln, fein hacken und dann unterheben.

3 Den Staudensellerie waschen und putzen. Die Stange mit der Krabbencreme füllen.

Zubereitungszeit: 10 Minuten / Nährwert: ca. 100 kcal (420 kJ)

Tipp

Die großen, grünen Blätter des Staudenselleries werden zwar nicht mitgegessen, können aber gut zum Würzen von Fleischbrühen oder Fischsud verwendet werden.

Desserts

Ist das Hauptgericht so üppig, dass eine Nachspeise den Kalorienrahmen sprengen würde, können Sie Ihr Lieblingsdessert auch als Zwischenmahlzeit einplanen.
Obstsalat und Cremes mit Jogurt oder Quark können Sie im Grunde genommen auch als Proviant für unterwegs einpacken, vorausgesetzt, sie werden relativ bald verzehrt und sind nicht lange der Wärme ausgesetzt.

Erdbeer-Milchshake

100 g Erdbeeren, 125 ml kalte Milch (1,5 % Fett),
1 Spritzer Zitronensaft, 1 Spritzer Süßstoff (flüssig)

1 Die Erdbeeren waschen und abtropfen lassen, dann die Kelche entfernen. Die Früchte mit dem Handmixstab pürieren.

2 Das Fruchtmus zusammen mit Milch, Zitronensaft und – nach Geschmack – mit Süßstoff mischen.

Zubereitungszeit: 5 Minuten / Nährwert: ca. 100 kcal (420 kJ)

Himbeerdickmilch

75 ml Milch (1,5 % Fett), 125 ml Dickmilch (entrahmt), 1 Spritzer Süßstoff (flüssig), 100 g Himbeeren (frisch oder TK), 1 Scheibe Zwieback

1 Milch, Dickmilch und Süßstoff mit dem Schneebesen verrühren und kalt stellen.

2 Frische Himbeeren kurz mit kaltem Wasser abbrausen und gut abtropfen beziehungsweise tiefgekühlte Himbeeren auf einem Sieb auftauen lassen.

3 Die Himbeeren auf einen Teller geben, die kalte Milchmischung dazugießen. Den Zwieback zerbröckeln und darüber streuen.

Zubereitungszeit: 10 Minuten / Nährwert: ca. 150 kcal (630 kJ)

Früchtecocktail

½ Banane, Saft von ½ Orange, 50 ml Apfelsaft, 1 EL Apfelessig, Mineralwasser

1 Die Banane schälen und mit dem Handmixstab pürieren. Orangensaft, Apfelsaft und Apfelessig untermischen.

2 Den Früchtecocktail in ein großes Glas geben und mit Mineralwasser auffüllen.

Zubereitungszeit: 5 Minuten / Nährwert: ca. 100 kcal (420 kJ)

Sommerlicher Obstsalat

1 Aprikose, ½ Pfirsich, 50 g Brombeeren, 100 g Wassermelone,
1 EL Jogurt (1,5 % Fett), 1 Msp. Mark einer Vanilleschote,
1 Spritzer Zitronensaft

1 Aprikose und Pfirsich waschen, trockentupfen und die Haut abziehen. Brombeeren waschen und gut abtropfen lassen.

2 Von der Melone die Schale abtrennen, aus dem Fruchtfleisch die Kerne entfernen.

3 Die Früchte bis auf die Brombeeren in Stücke schneiden. Jogurt, Vanille und Zitronensaft verrühren und über das Obst gießen. Locker mischen und leicht gekühlt servieren.

Zubereitungszeit: 15 Minuten / Nährwert: ca. 100 kcal (420 kJ)

Rote Grütze

125 g Beeren (frisch oder TK), 75 g entsteinte Kirschen
(frisch oder aus dem Glas), 30 ml Wasser, 1 gestr. EL Zucker,
1 Msp. Mark einer Vanilleschote, 1 Prise Zimt,
1 gestr. TL Speisestärke

1 Die vorbereiteten Früchte mit Wasser, Zucker, Vanille und Zimt in einem kleinen Topf 5 bis 10 Minuten bei milder Hitze garen. Dabei häufig umrühren.

2 Die Speisestärke mit etwas Wasser anrühren, unter die Fruchtmasse mischen, aufkochen und dann bei ausgeschaltetem Herd ca. 5 Minuten ausquellen lassen. Gut gekühlt servieren.

Zubereitungszeit: 15 Minuten / Nährwert: ca. 150 kcal (630 kJ)

Waldbeerenspeise

60 g Waldbeeren, 60 ml Johannisbeersaft,
1 TL Honig, 1 Msp. Zimt, 1 TL Zitronensaft,
½ TL Speisestärke, etwas Wasser

1 Die Beeren, den Johannisbeersaft, Honig, Zimt und etwas Zitronensaft in einem Topf langsam zum Kochen bringen. Die Speisestärke mit wenig Wasser anrühren und zufügen. Unter Rühren einmal kurz aufkochen lassen.

2 Die Waldbeerenspeise nochmals mit Zitronensaft abschmecken, in eine kleine Schale füllen und abkühlen lassen.

Zubereitungszeit: 10 Minuten / Nährwert: ca. 150 kcal (630 kJ)

Orangensulze

70 ml Orangensaft, Saft von ½ Zitrone,
7 cl Weißwein (trocken),
1 gestr. EL Zucker, 2 Blatt Gelatine, ½ Orange

1 Orangensaft, Zitronensaft, Wein und Zucker in einer Schüssel mischen. Die Gelatine nach Packungsanleitung auflösen und mit dem Schneebesen zu dem Saftgemisch rühren.

2 Die Orange schälen, dabei die weiße Haut sorgfältig entfernen. Die Orangenspalten mit einem scharfen Messer filieren, in kleine Stücke schneiden und in ein Dessertglas geben. Die Orangensulze darüber gießen und im Kühlschrank fest werden lassen.

***Zubereitungszeit (ohne Kühlzeit): 10 Minuten /
Nährwert: ca. 200 kcal (840 kJ)***

Bananencreme

100 g Banane, etwas Zitronensaft, 75 g Jogurt (1,5 % Fett),
1 EL Magerquark, ½ TL Honig,
1 Msp. Mark einer Vanilleschote

1 Die Banane schälen, mit etwas Zitronensaft beträufeln und mit dem Handmixstab pürieren.

2 Jogurt, Quark, Honig und Vanille unterrühren.

Zubereitungszeit: 5 Minuten / Nährwert: ca. 150 kcal (630 kJ)

Orangenquark

1 Orange, 60 g Magerquark, Saft von ½ Orange,
1 TL flüssiger Honig, 2 EL Haferflocken

1 Die Orange schälen, dabei auch die weiße Haut entfernen. Die Orangenfilets aus den Häuten lösen und in kleine Stückchen schneiden.

2 Den Quark zusammen mit Orangensaft und Honig glatt rühren, dann die Orangenstückchen unterheben.

3 Die Haferflocken in einer Pfanne ohne Fettzugabe anrösten, dabei ständig umrühren.

4 Den Orangenquark abwechselnd mit den Röstflocken in ein schmales, hohes Glas füllen.

Zubereitungszeit: 15 Minuten / Nährwert: ca. 200 kcal (840 kJ)

Portweincreme

3 EL Magerquark, 2 EL Jogurt (1,5 % Fett),
½ TL flüssiger Honig, 1 Msp. Mark einer Vanilleschote,
2 cl Portwein, ½ TL Zitronenschale

1 Quark und Jogurt glatt rühren, Honig und Vanille untermischen.

2 Ein Schuss Portwein und die Zitronenschale dazugeben und gut verrühren.

Zubereitungszeit: 5 Minuten / Nährwert: ca. 150 kcal (630 kJ)

Orangenkörbchen mit Erdbeerquark

75 g Erdbeeren, 1 Orange, 75 g Magerquark, 1 EL Milch (1,5 % Fett),
½ TL abgeriebene Orangenschale (ungespritzt), 1 TL Honig,
1 Msp. Mark einer Vanilleschote, 1 TL Orangenlikör

1 Die Erdbeeren waschen, trockentupfen, entkelchen und vierteln. Von der Orange einen Deckel abschneiden, das Fruchtfleisch mit einem spitzen Messer vorsichtig herauslösen und in kleine Stücke schneiden.

2 Den Quark mit der Milch glatt rühren, mit Orangenschale, Honig, Vanille und Orangenlikör mischen. Die Fruchtstückchen unterheben, die Creme in die ausgehöhlte Orange füllen und den Deckel wieder aufsetzen.

Zubereitungszeit: 15 Minuten / Nährwert: ca. 150 kcal (630 kJ)

Mangocreme mit Pistazien

Mangocreme mit Pistazien

½ vollreife Mango, 125 g Magerquark,
je 1 Spritzer Zitronensaft und Süßstoff (flüssig),
1 TL gehackte Pistazien

1 Die Mangohälfte schälen und den Kern entfernen. Das Fruchtfleisch in grobe Stücke schneiden, dann zusammen mit dem Quark, Zitronensaft und Süßstoff im Mixer pürieren.

2 Die Creme in eine Dessertschale füllen, kurz (!) in die Tiefkühltruhe stellen, dann mit den Pistazien bestreut servieren.

Zubereitungszeit: 10 Minuten / Nährwert: ca. 200 kcal (840 kJ)

Hirsecreme mit Obst

30 ml Milch (1,5 % Fett), 30 ml Wasser, 25 g Hirse,
½ TL abgeriebene Zitronenschale, 1 TL Honig,
1 Msp. Mark einer Vanilleschote,
50 g gemischte Beeren

1 Milch und Wasser in einen Topf geben, Hirse und Zitronenschale einrühren. 5 Minuten kochen und 10 Minuten bei schwacher Hitze ausquellen lassen. Nach dem Abkühlen Honig und Vanillemark dazugeben.

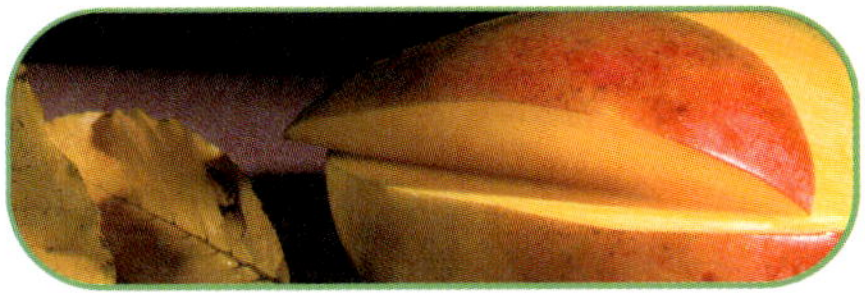

2 Die Beeren waschen und gut abtropfen lassen. Vor dem Verzehr vorsichtig unter die Hirsecreme heben.

Zubereitungszeit: 30 Minuten / Nährwert: ca. 150 kcal (630 kJ)

Tipp

Für Fruchtcremes können Sie das Obst je nach Geschmack und Jahreszeit austauschen. Achten Sie jedoch darauf, dass Sie nur vollreife Früchte verwenden: Das beste Dessertrezept misslingt, wenn das Obst sauer schmeckt.

Rhabarberauflauf

150 g Rhabarber, 50 ml Orangensaft,
1 gestr. EL Zucker, 1 Msp. Mark einer Vanilleschote, 1 Eiweiß,
1 TL Puderzucker, 1 EL Kokosflocken

1 Vom Rhabarber die Blätter entfernen, die Haut mit einem Messer abziehen. Die Stangen in ca. 5 cm lange Stücke schneiden und in eine kleine Auflaufform geben.

2 Den Orangensaft angießen. Zucker und Vanillemark mischen, auf dem Rhabarber verteilen. Zugedeckt 5 Minuten ziehen lassen.

3 Inzwischen das Eiweiß mit dem Puderzucker sehr steif schlagen, die Kokosflocken vorsichtig unterheben. Den Kokos-Eischnee gleichmäßig auf den Rhabarberstangen verteilen.

4 Den Auflauf bei 200 °C im vorgeheizten Backofen auf der mittleren Schiene 15 Minuten überbacken.

Zubereitungszeit: 25 Minuten / Nährwert: ca. 200 kcal (840 kJ)

Tipp

Achtung: Die Rhabarberblätter sind hochgiftig und dürfen auf keinen Fall mitverwendet werden. Bereiten Sie außerdem Rhabarber nie in Aluminiumgeschirr zu, da das Material mit der Säure des Rhabarbersafts reagiert.

Haferflockenkekse

(für etwa 30 Stück)
150 g Haferflocken, 100 g gemahlene Haselnüsse, 50 g Weizenmehl,
1 Ei, 3 EL Wasser, 80 g Honig, 1 Prise Salz,
1 Msp. Mark einer Vanilleschote,
1 TL Backpulver, 125 g weiche Margarine

1 Die Haferflocken in einer beschichteten Pfanne ohne Fettzugabe leicht rösten, dann abkühlen lassen.

2 Alle Zutaten gut miteinander vermischen. Den Teig 5 Minuten ruhen lassen.

3 Mit 2 Teelöffeln kleine Häufchen formen und auf ein Blech setzen, das mit Backpapier ausgelegt wurde.

4 Im vorgeheizten Backofen bei 200 °C etwa 10 Minuten backen.

Zubereitungszeit: 30 Minuten
Nährwert pro Stück: ca. 100 kcal (420 kJ)

Tipp

Kekse müssen trocken und luftdicht aufbewahrt werden. Verschließbare Dosen aus Metall oder Kunststoff sind hierfür am besten geeignet.

Speiseplan für eine Woche

Folgender Vorschlag für einen Speiseplan ist auf eine Energiezufuhr von insgesamt ca. 1200 kcal am Tag ausgerichtet.

	kcal
Montag	
Frühstück:	
Weizenschrotmüsli, S. 23	300
1 Tasse Kaffee mit Süßstoff und Milch	15
1. Zwischenmahlzeit:	
Jogurt (1,5 % Fett), 1 Pfirsich (100 g)	90
Mittagessen:	
Pikante Tomatensuppe, S. 32	100
Kabeljau in Senfsauce, S. 85	250
Gedünstetes Lauchgemüse, S. 75	90
2. Zwischenmahlzeit:	
1 Haferflockenkeks, S. 139	100
1 Tasse Tee mit Süßstoff und Milch	15
Abendessen:	
Salatplatte mit Champignons, S. 53	200
1 Scheibe Knäckebrot	30
Gesamt:	***1190***
Dienstag	
Frühstück:	
1 Roggenbrötchen	100
Kümmelquark, S. 28	50
1 Glas (0,2 l) Grapefruitsaft	70
1. Zwischenmahlzeit:	
100 g Weintrauben	70
Mittagessen:	
Hackfleischpfanne mit Polenta-Plätzchen, S. 72	400
2. Zwischenmahlzeit:	
Früchtecocktail, S. 130	100
Abendessen:	
Sprossensalat, S. 54	150
Lachstoast mit Kiwi-Butter, S. 126	250
Gesamt:	***1190***

	kcal
Mittwoch	
Frühstück:	
Porridge, S. 23	350
1 Tasse Tee mit Süßstoff und Milch	15
1. Zwischenmahlzeit:	
1 Glas (0,2 l) Buttermilch	70
Mittagessen:	
Tomaten mit Reisfüllung, S. 112	200
Kopfsalat mit Kräuterdressing, S. 60	110
Sommerlicher Obstsalat, S. 131	100
2. Zwischenmahlzeit:	
Pikantes Frischkäsebrot, S. 118	150
Abendessen:	
Bunte Rohkost mit Currysauce, S. 59	200
1 Scheibe Knäckebrot	30
Gesamt:	***1225***
Donnerstag	
Frühstück:	
1 Weizenbrötchen	115
Erdbeerquark, S. 28	50
1 Tasse Kaffee mit Süßstoff und Milch	15
1 Glas (0,2 l) Orangensaft, frisch gepresst	90
1. Zwischenmahlzeit:	
1 Birne (ca. 100 g)	50
Mittagessen:	
Hühnersuppe mit Nudeln, S. 38	250
Portweincreme, S. 135	150
2. Zwischenmahlzeit:	
Crostini, S. 120	150
Abendessen:	
Maissalat mit Krabben, S. 48	250
1 Scheibe Mehrkornbrot	95
Gesamt:	***1215***

	kcal
Freitag	
Frühstück:	
Knusperfrühstück, S. 21	150
100 g Kefir (3,5 % Fett)	60
100 g Banane	95
1 Tasse Tee mit Süßstoff und Milch	15
1. Zwischenmahlzeit:	
1 Scheibe Knäckebrot	30
1 Scheibe Butterkäse (25 g, 30 % F.i.Tr.)	60
Mittagessen:	
Kräuterforelle, S. 90	300
1 Portion Salzkartoffeln	100
1 Portion gedünstete Möhrchen	100
2. Zwischenmahlzeit:	
Erdbeer-Milchshake, S. 129	100
Abendessen:	
Feldsalat mit Austernpilzen, S. 54	200
Gesamt:	***1210***

	kcal
Samstag	
Frühstück:	
Früchtemüsli, S. 24	350
1 Tasse Kaffee mit Süßstoff und Milch	15
1. Zwischenmahlzeit:	
1 kleines Glas (0,1 l) Orangensaft, frisch gepresst	45
Mittagessen:	
Gemüsesuppe mit Käse, S. 32	250
Waldbeerenspeise, S. 132	150
2. Zwischenmahlzeit:	
1 Scheibe Knäckebrot	30
Tomatenquark, S. 28	50
Abendessen:	
Vollwert-Burger, S. 117	300
Gesamt:	***1190***

	kcal
Sonntag	
Frühstück:	
2 Scheiben Vollkorntoast	140
2 Scheiben Geflügelwurst (à 20 g)	40
1 TL Margarine	35
1 Tasse Kaffee mit Süßstoff und Milch	15
1. Zwischenmahlzeit:	
100 g Wassermelone	40
Mittagessen:	
Klare Fleischbrühe mit Ei, S. 37	95
Rinderfilet im Maisbett, S. 73	350
Gemischter Blattsalat mit Fruchtdressing, S. 61	45
2. Zwischenmahlzeit:	
Mangocreme mit Pistazien, S. 137	200
1 Tasse Tee mit Süßstoff und Milch	15
Abendessen:	
Gefüllte Champignons, S. 110	200
1 Scheibe Knäckebrot	30
Gesamt:	***1205***

Rezeptverzeichnis

Austernpilz-Ragout mit Nudeln 106

Bananencreme 134
Brokkolicremesuppe 33

Canapé mit Avocadocreme 120
Champignon-Omelette 108
Champignons, gefüllte 110
Chili con carne 76
Crêpes 29
Crostini 120
Curryfisch exotisch 87

Dressings 60

Eierbrot mit Paprikasauce 119
Erbsencremesuppe 34
Erdbeer-Milchshake 129
Erdbeerquark 28

Feldsalat mit Austernpilzen 54
Fenchelsuppe mit Würstchen 40
Fischsalat mit Estragon 47
Forellenfilet, geräuchert, in Dillsauce 126
Frischkäsebrot, pikantes 118
Fruchtdressing 61
Früchtecocktail 130
Früchtemüsli 25

Geflügelsalat nach Balkanart 46
Gemüsespieße mit Jogurtsauce 108
Gemüsesuppe mit Käse 32
Gesundheitssalat 56
Gurkengemüse 113

Hackfleischpfanne mit Polenta-Plätzchen 72
Haferflockenkekse 139
Heilbutt, gedünsteter 92
Himbeerdickmilch 130
Hirsecreme mit Obst 137
Hühnerragout, chinesisches 63
Hühnersuppe mit Nudeln 38

Irish Stew 82

Jogurtdressing 60

Kabeljau in Senfsauce 85
Kabeljaufilet aus der Folie 88
Kabeljaufrikassee 94
Kalbfleischtopf 68
Karottensuppe mit Lachs 38
Kartoffeln mit Kräuterdip 106
Kartoffelsuppe 31
Kartoffel-Tortilla 111
Kartoffel-Zucchini-Puffer 101
Käse-Sellerie-Salat 56
Knusperfrühstück 21
Knusperwaffeln 29
Krabben-Avocado mit Knoblauchdip 122
Kräuterdressing 60
Kräuterforelle 90
Kräuterquark 28
Kräutersuppe, feine 42
Kresserahmsuppe 36
Kressesalat mit Ei 53
Kümmelquark 28
Kümmelsuppe mit Croûtons 39

Lachstoast mit Kiwi-Butter 126
Lammkotelett mit Kräutersauce 81
Lauchsuppe, überbackene 43
Leber-Risotto 70

Maissalat mit Krabben 48
Maissalat mit Putenbrust 45
Mangocreme mit Pistazien 136
Meerrettichdressing 61

Nudelomelette mit Käse 102
Nudelsalat, pikanter 50

Obstsalat, sommerlicher 131
Orangenkörbchen mit Erdbeerquark 135
Orangenquark 134
Orangensulze 132

Paprikageschnetzeltes 71
Pepperpot 70
Polenta mit Tomatensauce 104
Porridge 23
Portweincreme 135
Putengeschnetzeltes mit Weintrauben 64
Putentopf mit Sojasprossen 66

Quarkaufstriche 29
Quark-Frikadellen mit Kräutern 112

Räucherlachs auf Karotten-Reis-Puffer 116
Rehsteak im Mandelkleid 83
Reissalat, bunter 49

Rhabarberauflauf 138
Rinderfilet im Maisbett 73
Rindfleischsalat „Texas“ 50
Rohkost, bunte, mit Currysauce 59
Rotbarschfilet in Kräutersauce 92
Rote Grütze 131
Rührei mit Schinken und Käse 121

Salatplatte mit Champignons 53
Saltimbocca 68
Scampi mit Knoblauchbutter 98
Schikoree-Salat 55
Schollenfilet in Sherrydampf 97
Schweinefilet mit Nudeln 79
Seezunge in Senfsahne 93
Seezungenfilet in Pfeffersauce 88
Sesamwirsing 107
Shrimps mit Nudeln 99
Spagetti mit Tunfisch 96
Sprossensalat 54
Staudensellerie mit Krabbencreme 127

Tatarbällchen auf Lauch 77
Tomaten mit Reisfüllung 112
Tomatenquark 28
Tomatensuppe, pikante 32
Truthahncurry mit Mango 65
Tunfischkotelett 95
Tunfisch-Mais-Suppe 41

Vollkornbrötchen mit
mariniertem Mozzarella 115
Vollwert-Burger 117
Vollwertpfanne 104

Waldbeerenspeise 132
Weizenschrotmüsli 23
Wirsingtaschen 103
Wurstsalat nach Schweizer Art 48

Zitronenschnitzel mit Artischocken 67

Abkürzungen

kcal = Kilokalorien
kJ = Kilojoule
EL = Esslöffel
TL = Teelöffel
gestr. = gestrichen
geh. = gehäuft
ger. = gerieben
Msp. = Messerspitze
g = Gramm
l = Liter
cl = Zentiliter
ml = Milliliter
TK = Tiefkühlware
i. D. = im Durchschnitt
F. i. Tr. = Fett in der Trockenmasse

Die internationale Einheit für Nahrungsenergie ist das „Joule“. Die Angabe der Nährwerte erfolgt in „Kilojoule (kJ)“. Aber auch die frühere Bezeichnung „Kilokalorien (kcal)“ wird weiterhin verwendet, wobei folgendermaßen umgerechnet wird: 1 kcal = 4,18 kJ.
Die Nährwertberechnungen dieses Buches erfolgten mithilfe der „GU Nährwert-Kalorien-Tabelle“ (Gräfe und Unzer Verlag GmbH, München 1997), der u. a. Empfehlungen der Deutschen Gesellschaft für Ernährung (DGE) zu Grunde liegen.

Das Werk einschließlich aller seiner Teile ist urheberrechtlich geschützt. Jede Verwertung außerhalb des Urhebergesetzes ist ohne Zustimmung des Verlages unzulässig und strafbar.
Das gilt insbesondere für Vervielfältigungen, Übersetzungen, Mikroverfilmungen und die Einspeicherung und Verarbeitung in elektronischen Systemen.

Der Inhalt dieses Buches ist sorgfältig recherchiert und erarbeitet worden. Dennoch können weder Autoren noch Verlag für alle Angaben im Buch eine Haftung übernehmen.

Weltbild Buchverlag
2. Auflage 1999
© 1999 by Weltbild Verlag GmbH, Augsburg
Alle Rechte vorbehalten

Redaktion: Manuela Stern, München
Fotografien, Titelfoto: Barbara Lutterbeck, Köln
Layout und Satz: CCG, Köln
Lithoarbeiten: Kaltner Media GmbH, Bobingen
Druck und Bindung: Franz Spiegel Buch GmbH, Ulm

Gedruckt auf chlorfrei gebleichtem Papier

Printed in Germany

ISBN 3-89604-285-8